Manejo de Objeciones:

Conviértete en el Mejor Cerrador e Incrementa Tus Ingresos al Aprender Cómo Convertir Todos Los "No" en un "Sí"

Volumen Completo

Por

Income Mastery

Libro 1: Manejo de Objeciones

*Conviértete en el Mejor Cerrador e
Incrementa Tus Ingresos al Aprender Cómo
Convertir Todos Los "No" en un "Sí"*

Volumen 1

Libro 2: Manejo de Objeciones

*Conviértete en el Mejor Cerrador e
Incrementa Tus Ingresos al Aprender Cómo
Convertir Todos Los "No" en un "Sí"*

Volumen 2

Libro 3: Manejo de Objeciones

*Conviértete en el Mejor Cerrador e
Incrementa Tus Ingresos al Aprender Cómo
Convertir Todos Los "No" en un "Sí"*

Volumen 3

La información en las siguientes páginas se considera, en términos generales, como una descripción veraz y precisa de los hechos y, como tal, cualquier falta de atención, uso o mal uso de la información en cuestión por parte del lector hará que las acciones resultantes sean únicamente de su competencia. No hay escenarios en los que el editor o el autor de este libro puedan ser considerados responsables de cualquier dificultad o daño que pueda ocurrirles después de realizar la información aquí expuesta.

Además, la información en las siguientes páginas está destinada únicamente a fines informativos y, por lo tanto, debe considerarse como universal. Como corresponde a su naturaleza, se presenta sin garantía con respecto a su validez prolongada o calidad provisional. Las marcas comerciales que se mencionan se realizan sin consentimiento por escrito y de ninguna manera pueden considerarse como auspicios de la misma.

Table de Contenidos

Libro 1: Manejo de Objeciones

Conviértete en el Mejor Cerrador e Incrementa Tus Ingresos al Aprender Cómo Convertir Todos Los "No" en un "Sí"

Volumen 1

Por

Income Mastery

Introducción

Si te apasiona el mundo de las ventas y el mercadeo, tal vez ya te hayas encontrado con algún cliente complicado de complacer a la hora de presentar tu producto u ofrecer tus servicios. Es común creer que la eficiencia, que seguro te identifica totalmente, es una garantía por sí sola para cerrar ventas y negocios con potenciales clientes. Muchas veces creer que hacer todo bien te llevará directamente al éxito es una mentalidad que nos estanca y nos genera frustración al no percibir los resultados que deseamos inmediatamente. De la misma manera, empezar en el mundo de las ventas y el comercio puede ser muy intimidante y puede generar algunos errores al paso, lo importante es mantener la mejor actitud del mundo y, no sólo tener una mentalidad positiva, sino crear estrategias efectivas que te permitirán evitar las objeciones que se interpongan en tu camino o, en el peor de los casos, aprender a gestionarlas y no dejar que entorpezcan tu negocio.

El presente libro puede ayudarte con las objeciones posibles que cualquier cliente pueda confrontar ante tus propuestas y adquirirás un entendimiento básico de las mismas, ya que entender al otro es el primer paso para acercarnos a él o ella, así que reflexionar en torno a las necesidades de tus clientes y por qué podrían rechazarte te ayudará a responder de manera asertiva y no hacerlo de forma defensiva e ineficiente. Además, es importante entender que una objeción realmente es una observación que puede darnos información suficiente para mejorar el producto o convencer activamente al cliente, todo depende de nuestra receptividad a la objeción y a las palabras del otro que está negándose aparentemente, pero que sólo está exponiendo sus necesidades más elementales.

Debemos entender que las objeciones son un elemento fundamental de la cotidianidad de los vendedores y esto ha sido así desde que las ventas comenzaron a posicionarse como una vía profesional de la cual recibir ganancias consistentes, siempre ha sido así y siempre lo será, es parte del trabajo y hay que asumirlo como tal. Es imposible concebir el negocio de las ventas sin objeciones, pensar esto es una utopía improductiva que no nos llevará a nada bueno. Detrás de cada objeción hay una oportunidad latiendo y esperando a que el vendedor pueda aprovecharlas. También, debes pensar que si a tu cliente directamente no le interesara aquello que ofreces, no se molestaría en exponer objeciones, esa es la introducción a la negociación tradicional.

Aunque para ser justos, es cierto que al cliente no le interesa el producto como tal, sino los beneficios que puede recibir de él, esa debe ser la dirección de tu discurso, así debes orientar tus palabras en función de convencerlo, las ventas son un arte de seducción y, aunque en la vida personal y sentimental, las objeciones pueden ser indicadores de puertas cerradas, en las ventas son indicadores de dirección, te señalan hacia dónde te debes dirigir y cómo, sólo debes escuchar atentamente a tu cliente y traducir sus palabras en cómo atraerlo hacia tu producto. No permanezcas horas y horas tratando de explicar lo que el producto constituye, definirlo no te ayudará para nada, en cambio, debes enfocarte en articular lo que el producto hace y sus ventajas prácticas en relación con el cliente en cuestión, mientras más específico puedas ser mucho mejor.

A partir de los conocimientos adquiridos en el presente libro aprenderás múltiples herramientas técnicas y teóricas para emprender tu camino como vendedor, todo esto por supuesto desde la empatía, la ética y la responsabilidad. No sirve de nada culpar al vendedor por ser difícil cuando está de tu parte tener las competencias para mejorar como vendedor y asumir las responsabilidades de tal cargo.

Esperamos que los conocimientos adquiridos cambien tu vida profesional en la medida en que tu disposición pueda alinearse con tu talento y tus recursos para los negocios, siempre se puede dar más y creer en ti es lo más importante. El hecho de que estés leyendo esto quiere decir que estás buscando informarte, lo cual ya habla muy bien de tu búsqueda personal. No dejes de buscar la formación integral que se encuentra en cada tarea que hagas, todo lo que te interesa tiene un método que puedes comprender y aplicar, no le dejes al azar tu futuro y sigue aprendiendo.

Capítulo 1: Objeciones comunes.

Como ya sabes, es casi imposible concebir una venta sin objeciones, creer que es posible es una fantasía que no nos impulsará de manera productiva hacia el cumplimiento de nuestras metas. Es probable que si ya estás teniendo experiencia en el mundo de las ventas, ya estés familiarizado con esta realidad, no tiene nada de extraño y a continuación, vamos a diseccionar esta realidad. Así como hay un tipo de objeciones, hay tipos de clientes y cada uno tiene una forma particular de aproximarse a la novedad. Hemos hablado con varios vendedores y proveedores de servicios y nos han compartido sus experiencias en el campo y cuáles son las objeciones más frecuentes en el mercado.

Muchos clientes suelen poner objeciones al precio de un producto, esto es lo más frecuente y la principal objeción con la que se confrontan los vendedores en el mundo de los negocios, muchas veces el cliente no tiene el presupuesto para comprar el producto que ofreces, otras lo tiene, pero lo considera excesivo. En tal caso, debes defender el costo de tu producto o servicio, explicarle al cliente por qué tu producto cuesta lo que cuesta, atender a la calidad del mismo y cómo comprarlo no es un gasto, sino una inversión que podría ahorrarle más dinero a largo plazo. Claro que no es ético mentir, este es simplemente un enfoque de aproximación a este tipo de objeciones, debes argumentar basado en la realidad de tu producto, sacar las cuentas en función de las circunstancias de tu cliente y exponerlas con calma.

Por otro lado, en muchas ocasiones el cliente tendrá objeciones hacia el producto que estás ofreciendo, ya que no tiene intenciones de cambiar la marca que usa habitualmente o simplemente no considera tu producto una prioridad en su orden de compras, tal vez si tu cliente es una empresa puede que tenga un protocolo sumamente complejo a la hora de hacer compras y debas pasar por varios filtros empresariales antes de cerrar la venta en cuestión, nuevamente esto es manejable y es muy posible gestionarlo de manera efectiva. Antes de acercarte a tu cliente, debes informarte muy bien acerca de cómo manejan su empresa y hacer un plan tentativo de cómo tu producto puede mejorar sus sistemas ya establecidos, si sabes que usan otra marca, debes ir con esto estimado previamente. La investigación es la mejor preparación para una reunión de negocios de este tipo, si vas preparado tendrás los recursos para argumentar cualquier objeción sobre tu producto, siempre debes enfocar esta conversación a lo que tu producto hace o puede hacer por tu cliente, no sobre lo que tu producto es en líneas generales. Mientras más específico sea el argumento, más lejos llegarás como vendedor.

También, el cliente podría tener una desconfianza (justificada o no) por el producto que ofrecemos o por la empresa que representamos, incluso podría desconfiar de nosotros como vendedores, todo esto es posible de manejar, pero sin duda la más complicada es defendernos a nosotros como vendedores si el cliente tiene un conflicto particular en este respectivo punto, ya que nos pone en una situación comprometedora donde la opción de ponernos a la defensiva no suele ser la mejor base para una negociación.

Siempre es más fácil (y ético) defender a otros que confían en nuestras capacidades como, digamos, la empresa para la que trabajamos, que defendernos a nosotros mismos. Hablar de las capacidades de una empresa, sus beneficios y reconocer sus fallos, pero darles la vuelta como oportunidades perdidas, es mucho más sencillo de hacer que enfocar esta narrativa como una defensa personal, en ese caso, tal vez debas dejarlo ir y preguntar las razones de la desconfianza para prepararte mejor en el futuro con otro cliente.

Asimismo, es importante diferenciar entre las objeciones que constituyen dudas honestas del cliente o comprador particular y las objeciones que son excusas de un cliente que ya decidió que no compraría. Las dudas y las excusas son muy diferentes, pero ambas muy naturales en las negociaciones, ambas se pueden manejar, pero lo más importante es identificarlas de entrada.

Para empezar, el punto de partida de cualquier negociación es la preparación. Todo vendedor debe ir a una negociación sumamente preparado, debe estudiar muy bien tu producto (beneficios, puntos fuertes y puntos débiles) todo lo que pueda ser un argumento a su favor o en contra a la hora de establecerte con un cliente. Así ya tiene una preparación básica que te dará ideas consistentes a la hora de dar respuestas en un diálogo de negociación. De igual forma, ya una vez iniciada la conversación con el cliente, todo lo que digas debe venir desde la calma y la tranquilidad, si bien estás ofreciendo un producto, esta exposición no debe hacerte sentir expuesto ni a la defensiva, no importa lo que diga el cliente, nunca debes entrar en polémica, ni discutir con él o ella. Todo es negocio, nada es personal, igualmente tú siempre debes tener disposición de diálogo, aunque el cliente esté instalado en un monólogo, la invitación horizontal a una conversación podrá ser tu arma más poderosa.

De hecho, cuando un cliente haga una objeción, lo que debes hacer es darle la razón directamente, no lo dudes, siempre es válido lo que él diga, sin embargo, esta afirmación es la introducción a tu argumento y tu argumento es aquello con lo que vas a revertir el comentario del cliente. Vas a darle información nueva que se agregará a su pensamiento, no debes negar su razonamiento para minimizarlo con el tuyo, sino validarlo y luego añadir nuevos conocimientos que pretendan seducirlo en favor de tu producto. En este sentido, es una buena idea preguntarle más al cliente acerca de su objeción, es decir, hacerle preguntas que indaguen en sus motivos, de esta forma, no sólo recibimos más información que nos marque un sentido de dirección más claro, sino que nos vinculamos con el cliente y hacemos una relación más humana y cercana, lo cual siempre es beneficioso a largo plazo.

Como vendedor debes estar a la altura de las circunstancias, en el peor de los casos, el peor de los escenarios posibles con un cliente grosero u ofensivo, tú debes estar por encima de cualquier comentario fuera de lugar y actuar siempre desde la cortesía y el respeto, así jamás quedarás mal con otros potenciales clientes que estén presenciando la situación. Una vez que ya has establecido las posibilidades de una negociación, saber el tipo de objeciones ante las cuales podrías enfrentarte te ayudará a prepararte mejor, ahora bien, debemos entender también por qué ocurren estas en primer lugar.

Capítulo 2: La necesidad detrás de la necesidad.

No está de más aprender un poco de psicología de mercado en el proceso de las negociaciones, después de todo, las negociaciones se dan entre personas, así que estudiar los procesos mentales del ser humano a la hora de tomar una decisión nos puede ser de gran ayuda. Ver a nuestro cliente como una persona a nuestro nivel es sin duda el método más efectivo, pero también debemos verlo como un ente a estudiar. Reflexionar en torno a la toma de decisiones es importante para tu posición como vendedor.

Cuando tratamos con personas, no estamos tratando sólo con lo que ellas dicen que quieren, sino con un iceberg entero de subtexto que yace bajo sus palabras. En las palabras de una persona están escondidas sus influencias, deseos insatisfechos, expectativas secretas, los matices de su personalidad, creencias previas y barreras emocionales. Históricamente, las personas no compran productos por lo que es el producto en sí, en cada marca o producto hay una necesidad detrás o una promesa implícita escondida, por ejemplo, cuando alguien compra un producto de belleza no está realmente consciente de cada componente en él, ni de el conocimiento cosmetológico de los creadores a cabalidad, lo que le importa al comprador es la capacidad que tiene el producto de apelar a sus necesidades, de dejar clara la promesa de una belleza conquistada, de prolongar la juventud deseada y aumentar el autoestima estancada, así como también la comida rápida persiste en el mercado porque apela a la inmediatez y a la indulgencia que algunos compradores necesitan cada cierto tiempo.

Entender por qué la gente hace lo que hace es algo que cualquier vendedor debe esforzarse por comprender, pero nunca tratar de explicar. Esta información será útil para orientar tu discurso, pero no debe ser literal. Las personas quieren vivir experiencias a través de los productos, nada debe ser solamente un producto sin más, cada uno debe hacer sentir algo a quienes lo compren, ya que la gente paga más por cómo los haces sentir, pero nunca considerarían hacerlo si creen que es sólo un producto y no un sentimiento.

A la hora de tener conversaciones con base en posibles negociaciones debes saber los roles conversacionales de los clientes, los cuales son:

- El directo.

- El social.

- El reflexivo.

Ahora, vamos a deconstruir cada rol conversacional. El cliente directo tiende a ser impaciente, decidido, va al grano, no atiende a detalles y quiere cerrar los negocios de forma rápida, por otra parte, el cliente social suele ser muy animado, disfruta el proceso de negociación, muestra interés en sus vendedores como personas y, finalmente, el cliente reflexivo se toma su tiempo para tomar decisiones, atiende y pide más información sobre los detalles, busca verificar los datos y prioriza los hechos antes de asumir información entredicha.

Si percibes que estás tratando con un cliente directo, debes mimetizar su forma de relacionarse, convertirte en un vendedor directo también. La mejor forma de hacer esto es ser claro, específico y breve, lo cual te ayudará a llevar los puntos que quieres tocar y tienes anotados en un cuaderno o libreta para así, no distraerte con otros temas de conversación que surjan en el momento. Si el cliente no pide detalles, no entres en detalles si no es absolutamente necesario. Trata de usar palabras que remitan a la efectividad del producto y dale las suficientes opciones para que él simplemente tenga que escoger entre la más funcional y trata de hacer referencia constante a los objetivos y los resultados por obtener.

Asimismo, si notas que tu cliente es social date el tiempo de socializar previamente antes de entrar en materia, trata de no ser demasiado formal y sé amigable cuando te relaciones, orienta tus argumentos a partir de testimonios de otras personas u otras compañías, ofrece beneficios personalizados, de manera que se sientan tomados en cuenta de forma especial. En general, este tipo de clientes son personas que buscan sentirse reconocidos, motivados e inspirados en sus interacciones de negocios. Por otra parte, si tienes clientes reflexivos es fundamental que te organices debidamente, que seas directo, pero no informal, esto de la preparación es sumamente importante, es vital, ya que te harán un montón de preguntas luego de tu exposición y debes estar listo para contestarlas de forma clara y precisa. Debes darle tiempo de digerir la información que le señales y trata de usar únicamente evidencia sólida, contundente y verificable. Si deseas adelantarte y ser tú quien dé el primer punto, puedes comparar de entrada tu propuesta con la de la competencia o con el producto que sabes que están usando en el momento, esto te dará la ventaja en una negociación con estos clientes.

El ser humano tiene necesidades elementales que hay que anticipar cuando tratamos con un cliente. Saber esto no sólo te ayudará en los negocios, sino en tu vida personal. Las personas tienen una necesidad natural de crecimiento personal, pero también de contribución, seguridad, reconocimiento, variedad y conexión con otras personas. Conocer de esto responde la pregunta: ¿por qué hacemos lo que hacemos?, entender la motivación real de tu cliente hará que tus propuestas sean más sólidas.

Capítulo 3: Negociaciones.

Cuando nos disponemos a negociar debemos atender a nuestra imagen personal. Este es el primer paso para encargarnos del otro, debemos empezar por vernos a nosotros mismos y proyectar una imagen prolija y cuidada. Agenda y comprométete en horario PM y llega a las reuniones en horario AM, ser puntual también es parte de la construcción de tu imagen. Tener apoyo visual también es de gran ayuda. Lo visual es una composición compleja, necesitas integrar todos los elementos en una imagen competente que le dé confianza al cliente. Es curioso que en quince segundos ya la mente humana se hace una idea de con quién está hablando. Es imposible relacionarnos sin prejuicios, es casi tan imposible como vender sin objeciones, lo que necesitamos hacer es usar estos juicios instintivos y moldearlos a nuestro favor.

Como vendedor tienes unas necesidades que debes evaluar y buscar conseguirlas a toda costa, estas suelen ser de ego, autonomía como trabajador, competitividad, entre otros motivos relacionados, sin embargo, deberías priorizar tus necesidades en relación con el deseo de rentabilidad, crecimiento, retención de clientes, desarrollo de categorías, participación de mercado y más necesidades de este tipo que, a largo plazo, te harán mejor persona y mejor profesional.

Creemos que sólo hacemos negociaciones cuando se trata de trabajo, pero la verdad es que esto no es cierto. Cuando dos padres están escogiendo si inscribir a su hijo en una escuela pública o privada están haciendo una negociación y es un proceso exactamente igual al que ocurre en las ventas, de hecho, durante los cursos sobre negociaciones los ejercicios suelen darse en torno a negociaciones de la vida cotidiana. Hacernos conscientes de las negociaciones del día a día te hará un mejor vendedor. Conocerte a ti mismo como negociador es demasiado importante antes de abordar a tus clientes. Cuando nos tenemos que parar temprano, por ejemplo, se está haciendo una negociación íntima y personal, pero una negociación al fin y al cabo.

Pensemos en los niños de la casa, ellos son los mejores negociadores, podemos aprender mucho de sus estrategias de negociación. Un niño nunca acepta un no por respuesta, tal vez acepte un "ahora no" y continúe la negociación en otro momento. Si un niño pide un caramelo y su papá le dice que no, el niño seguirá pidiendo de mil maneras distintas hasta conseguir su objetivo. Entonces, los padres le dirán que después de comer el almuerzo puede tener su caramelo y ambas partes obtienen un beneficio de la negociación. La realidad es que el ser humano nace aprendido, por naturaleza ya tenemos varios conocimientos importantísimos para la vida. Los niños saben respirar perfectamente (por eso gritan y gritan sin hacerse daño, tienen la vocalidad ideal), tienen buena postura porque todavía no tienen tensiones en el cuerpo y son negociadores naturales. Debemos reaprender todo esto, aprender a no estancarnos en posiciones, sino en intereses y a partir de ahí, vincularnos con el otro y conseguir lo que queremos.

Los niños, aunque no lo parezca, tienen grandes niveles de ambición y atrevimiento, además reconocen de forma instintiva que un no es una puerta abierta hacia el compromiso de la otra parte, un no es una invitación al tanteo y así, ambas partes ceden un poco y dan más o menos, dentro de sus posibilidades, pero lo más importante de los niños es su disposición a seguir adelante y no guardar rencor si un no permanece estático, su mala memoria es fundamental para los negocios también. El rencor y el miedo paralizan. Entender que nada es personal y que siempre hay nuevas oportunidades en el horizonte es una mentalidad que eventualmente nos movilizará hacia el cumplimiento de sus objetivos.

En tal sentido, es importante que tengas estrategias a la hora de conversar con un cliente. Una estrategia válida y útil es hacer Rapping con él o ella, es decir, imitar su ritmo al hablar, el tono de voz, estar en sintonía con tu cliente es algo que puedes hacer voluntariamente. Esto ocurre de forma espontánea cuando dos personas se llevan bien, es normal que cuando estás tratando de acercarte a alguien de forma tranquila y esta persona habla demasiado rápido o alto, pues eso te haga retraerte inconscientemente, por el contrario, si alguien está hablando con entusiasmo de un tema que le apasiona y la otra persona responde de forma lenta y apagada, pues no se entenderán bien. Observa cómo habla tu receptor, no es solo escuchar qué dice, sino cómo lo dice.

La observación es demasiado importante a la hora de tantear a un cliente, no olvides que nuestra forma de procesar las experiencias del mundo es 70% visual, 15% auditivo y 15% kinestésico, ten esto en cuenta y siempre lleva algo que el cliente pueda ver por su parte a la hora de proponer algo. Igualmente, debes ganarte el puesto de negociador, ya que negociar es un derecho que ganarás si cumples las pequeñas promesas que te abrirán paso a los grandes proyectos.

Un error muy frecuente en vendedores que están empezando es empezar la negociación hablando del precio y el dinero de por medio, luego del producto y la compañía y no queda espacio para venderse a ellos mismos como vendedores, lo cual es sumamente relevante y pocos vendedores principiantes lo notan. Si te vendes a ti y pones sobre la mesa tus competencias, ganarás confianza y terreno para una negociación más elástica que pueda beneficiarte.

Ahora vamos a hablar de cómo reconocer a un buen negociador. Un buen negociador irradia empatía, buena actitud, calidez, paciencia, sensibilidad y más importante, practica la escucha activa constantemente. Una persona que está escuchando activamente no sólo hace sentir a su receptor incluido y parte de algo más grande, sino que tiene los recursos y el tiempo (durante la conversación) para responder con base en lo que el otro está diciendo, así puede ser preciso y acertado. Los buenos negociadores son pacientes, innovadores, persistentes, seguros de sí mismos, saben mantener la calma cuando están bajo presión, tienen flexibilidad en su forma de pensar y accionar y son influyentes en su entorno y cómo no va a ser así, un buen negociador tiene un impacto en su contexto y todos lo notan.

Capítulo 4: Errores comunes de negociación.

La negociación es un asunto de sumar, nunca de restar, ni mucho menos excluir a otros. La idea de negociar es transformar un conflicto en un ejercicio de solución de problemas en conjunto. Hay una gran cantidad de motivaciones que en realidad son sumamente perjudiciales para nuestro desenvolvimiento como negociadores y poco a poco nos hacen cometer errores que van escalando hasta arruinar nuestra carrera. Por ejemplo, querer tener la razón para quedar bien es algo muy frecuente a la hora de enfrentar una negociación, querer convencer a otro muy fácilmente puede convertirse en dos monólogos sobre tener la razón y nada más. En ese sentido, debemos soltar el deseo de aparentar tener control, las apariencias no son productivas, hay que dejar ir la superficie de perfección e ir más allá. Ganar no nos llevará a nada si no conectamos con nuestro cliente, esto debemos tenerlo muy presente.

Nuestros objetivos deben estar orientados hacia el aprendizaje, querer aprender siempre nos pone en un estado de horizontalidad en relación con nuestro receptor, la gente siente la presión incluso si no sabe que lo está sintiendo, una prudencia intuitiva se instala en quienes se sienten presionados a aceptar o a hacer algo en particular, si vemos cada proceso como una oportunidad de aprendizaje, sabremos agradecer cada interacción incluso si no cerramos la venta en ese momento, habremos hecho un contacto que podemos añadir a una red de contactos que podría ser útil más adelante en el mercado de ventas. Todo es una oportunidad y hay que aprovecharlas en la medida de lo posible. En todo momento nos estamos relacionando, aunque no nos demos cuenta, si vemos esto de esa forma, podremos fortalecer nuestras relaciones con nuestros clientes y ponerlas en valor.

Una vez establecidos los motivos, lo cual es muy importante porque el accionar sin propósito tiene fecha de caducidad, podremos plantearnos estrategias de negociación. Primero que nada, debes cuidar de ti mismo, saber con quién te estás relacionando para evitar cualquier daño que podría ser grave, especialmente cuando hay dinero de por medio. Tomando las precauciones necesarias, debes también ser dócil para evitar cualquier conflicto innecesario, sin embargo, ser dócil con las personas es una forma de administrar tu energía, debes ser suave con la gente, pero duro con los problemas. Toma toda esa agresividad y transfórmala en energía productiva, convierte la disposición al conflicto en impulsos para solucionar problemas, esto no sólo habla muy bien de ti, sino que en realidad es lo que buscan los clientes: alguien que resuelva problemas, no alguien que sea un problema más.

Volvamos al tema de dejar las apariencias. Muchas personas creen que las ventas se tratan de aparentar erudición y control, pero esto es falso. Según Don Sheeman en su libro "Cállese y venda" los clientes no quieren verborrea, no desean a alguien que los maree con palabras sobreexplicándose, esto no lleva a nada útil, debe hablar con pausas que permitan que el otro asimile la información que le está dando, pero sobre todo, debe hacer esas pausas para asimilar usted la conversación, tómese el tiempo, no hay trucos ni atajos para negociar sin tomarnos el tiempo para calcular números, saber de cuánto dinero se habla cuando se negocia es vital, no hay forma de evitar eso, no lo intente, lo único que hará será perder dinero, tiempo y trabajo.

De igual forma, hay que tener cuidado con los cierres bajo presión o con las amenazas, bien sean implícitas o explícitas. Todos tenemos un umbral del dolor, un mínimo y un máximo de dolor que estamos dispuestos a soportar, debes tenerlo claro antes de asumir cualquier negociación, qué tanto estás dispuesto a perder en una negociación antes de ceder, lo más importante es que tengas la mente clara para no sucumbir ante presiones externas, si tú sabes cuál es tu zona de pánico, todo lo que venga antes de ella debe prepararte mentalmente para el negocio. Asimismo, nuestro cliente también tiene un umbral del dolor y debes saber esto, especialmente cuando tratas con opositores declarados, su capacidad de cambiar de opinión está estrictamente relacionada con su umbral del dolor, el cual debes descubrir para intervenir.

También debes tener en cuenta los temas a evitar cuando hables con un cliente, hay cosas que deberías dejar fuera de la mesa, por ejemplo, burlarte de la competencia no te hará parecer más fuerte, sino mezquino y fuera de lugar. Igualmente, hablar de fobias o miedos está mal visto, no tienes que rebajar a otros para verte mejor, pero trata de no rebajarte voluntariamente de ninguna manera. Los problemas de la empresa son otro tema del que el cliente jamás debe enterarse, no hará ningún bien "ser honesto" con respecto a problemas que sólo los involucrados en tu empresa pueden solucionar, de igual forma, los temas religiosos son tabú para estas conversaciones, nunca debes hablar de religión, son asuntos delicados que pueden herir susceptibilidades y crear desconfianza de forma completamente innecesaria, así que es mejor evitarlos de entrada, nunca sabes cuándo tu cliente esté pasando por momentos difíciles relacionados con su vida personal y la religión puede aflorar esto de forma natural y es posible que después no sepas manejarlo.

De igual forma, debes evitar caer en la trampa del blanco o negro, frases como "cerramos el trato o me voy" o "seguimos adelante ¿o no?", "va a ser la opción A o la opción B", todo esto cierra las opciones, nadie quiere sentir que no tiene alternativas, jamás busques plantear un trato así y no cedas ante la presión de quien te propone este tipo de cierres. Realmente, esto de negociar como si cerrar un trato fuera un asunto de vida o muerte trae más problemas que soluciones, estamos predispuestos a que cuando algo nos importa demasiado mostramos la peor parte de nosotros, la urgencia saca lo peor de las personas, a veces huimos, callamos, hablamos de más o incluso, atacamos.

Como ya dijimos previamente al hablar de motivaciones, emprender una venta buscando "ganar" nunca es buena idea. A veces negociar con mentalidad de persona que quiere ganar a toda costa, somete al otro involuntariamente y nadie quiere hacer negocios con alguien que, inconscientemente o no, lo esté rebajando o humillando. Es válido preguntarnos si cuando una persona golpea a otra y estos golpes no son devueltos hay un efecto secundario (siempre lo hay) y entender que nunca debemos ser quien golpea, debemos hacernos conscientes de esto y romper estos patrones negativos. La necesidad de ganar no sólo destruye el ego de nuestro cliente o socios, sino que nos aleja violentamente de un diálogo sano y productivo.

Otra cosa que también nos lleva a espirales improductivas es entrar en chismes o contar o escuchar historias sobre nuestros clientes, atender a este tipo de cosas es una pésima idea porque nos incluye en juicios y prejuicios que no nos permiten relacionarnos y conocer al otro por nosotros mismos. Cuando escuchamos frases como "me dijeron que ese cliente era difícil" "nunca atiende en las tardes" "es un cerrado" "hace meses me dijo que no" y más frases por el estilo, debemos entender que vienen de una experiencia particular de una persona que tiene formas distintas de entender el mundo y relacionarse con la gente, incluso si alguien nos contara con lujo de detalles qué pasó con el cliente, las palabras nunca abarcan la totalidad de la experiencia, nunca podremos saber a ciencia cierta y lo mejor que puedes hacer es enfocarte en tu trabajo e ignorar los chismes de otros.

Asimismo, debes llenarte de referencias sobre lo que estás vendiendo, es un hecho que el comprador tiene menos puntos de referencia que el vendedor, esto es normal y hay que procurar que se mantenga así. Así que nunca dejes de estudiar sobre tu campo porque si los roles cambian y eres tú, el vendedor, quien está menos informado, estarás en una desventaja sumamente peligrosa. El vendedor siempre sabe qué negocio ha hecho. Debes comprender en totalidad lo que estás haciendo, lo que hiciste y las implicaciones que esto tiene en tu perfil como vendedor.

Debes saber que como vendedor, no estás solo, puedes (y deberías) apoyarte en un equipo de trabajo consistente, puedes ir a reuniones con un ayudante que ayude a bajar la presión de la situación y si no puedes venderte como un agente de autoridad limitada. La soberbia sólo te alejará de personas que podrían apoyarte a llevar tu carrera profesional al siguiente nivel. En ese mismo orden de ideas, es importante destacar que, si bien muchas personas fingen sabiduría, fingir ignorancia es lo realmente innovador e inteligente. Fingir ignorancia crea una apertura a las preguntas, proyecta humildad, da curiosidad y es un catalizador de preguntas importantes. De hecho, debes acostumbrarte a responder a preguntas con nuevas preguntas, es lo que te dará la información necesaria para plantear tu punto. Esto de fingir ignorancia no quiere decir realmente ser ignorante, como ya dijimos, la preparación es el primer y más importante paso a dar a la hora de reunirte con un cliente, pero sí debes tener esta simulación (que es parte de la preparación, en primer lugar) para poner la base de la relación donde quieres que esté. Preguntarle a tu receptor "si usted fuera yo ¿qué haría?" es una excelente forma de aplicar este método, reduce las posibilidades de respuestas precipitadas y nos da una posición más horizontal con respecto a nuestro interlocutor.

Si tienes la oportunidad de pedir ayuda de forma honesta, te sorprenderás del resultado. Como dije previamente, las personas tienen una necesidad natural de contribuir y sentirse conectados con otros. Amanda Palmer tiene una conferencia TED que puede ser encontrada fácilmente en Internet donde profundiza sobre este tema, se llama "The art of asking" y reflexiona sobre el alcance real que tiene pedir ayuda en una sociedad donde reconocer nuestras necesidades está mal visto, la naturaleza humana es incluso más sabia y está por encima de esto.

Una negociación es un pacto entre dos partes, esto parecerá obvio, pero suele ser muy frecuente que el compromiso que se va a hacer no queda claro desde un principio, entonces tu comprador se va con otra persona que sí lo aclare, la gente necesita un llamado a la acción que sea comprensible, la ambigüedad no ayuda a nadie. Su comprador podría ceder ante esta necesidad y la presión natural del mercado e irse con otro que sí le diga qué hacer exactamente. Entonces, como en una lucha de pulso, usted debe aclarar los márgenes de la negociación, las condiciones de pago, costos logísticos, rentabilidad del espacio, rentabilidad del 1% de las ventas, rentabilidad de la inversión, peso de las marcas, share en la categoría, entre otros asuntos de este tipo, sólo así la venta se cerrará con ambas partes claras de qué acaba de pasar, tendrás el comprador asegurado de que están en la misma página y el llamado a la acción hará que este pacto no se quede solo en papel, sino que sepan cómo materializarlo de manera efectiva.

Capítulo 5: Preparación

Hemos desarrollado en este libro la importancia de la preparación, vamos a ahondar en estrategias de preparación para negociar, todo esto es sumamente personal y dependerá de cada persona, sin embargo, hay preguntas generales que todos podemos hacernos antes de abordar una conversación de negocios de cualquier tipo. Siempre puedes empezar por preguntarte a ti mismo ¿Qué quiero que suceda? ¿A qué le tiene miedo mi cliente? ¿Qué posee? ¿Qué es lo que no tiene? ¿Qué sabe? ¿Qué desconoce? ¿Qué puedo ceder? Así podrás estimar argumentos, objeciones y posibles reacciones.

La preparación para negociar es también un ejercicio de imaginación. Puedes empezar por anotar en un papel un aspecto relevante que creas que sería un punto de negociación entre tu cliente y tú. En este punto deben requerirse acuerdos, de otra forma, no es relevante para este ejercicio. Ahora bien, entendiendo que debe haber un propósito compartido en común con tu cliente, debes definir el objetivo que quieres conseguir en el acuerdo y seguidamente, debes plantear la propuesta y con esto me refiero a que desgloses qué quieres, cómo lo quieres, cuándo lo quieres, por qué, para qué y lo mismo con lo que estás dispuesto a ofrecer. Entonces, podrás imaginar cuáles serían las posibles objeciones del cliente y preparar una respuesta para cada una.

Piensa que todas tus propuestas deben ser específicas, medibles, viables, realistas y deben estar contempladas en un horizonte temporal alcanzable. Hay que simplificar los mensajes para hacerlos comprensibles para nuestro receptor, esto hará que sea más fácil mantener el control de la conversación, cosa que debe ser nuestro objetivo, a pesar de que este control no sea evidente o imperativo. Al final de cada negociación es importante evaluar los resultados en relación con los objetivos y reflexionar sobre el proceso, sopesar qué funcionó y qué no para mejorar cada vez que debamos negociar con alguien nuevo. Asimismo, piensa que las negociaciones no terminan en el pacto, tienes la responsabilidad de hacer un seguimiento responsable a los acuerdos a mediano y largo plazo.

Thomas Carlye decía que "nada es peor que la actividad sin entendimiento", por otra parte, es cierto que las personas hacen un promedio de once juicios sobre otro durante los primeros siete segundos de conversación, así que debes poner en valor la primera impresión y no olvidar que tu principal objetivo es darte a entender, hacer que el cliente comprenda totalmente las metas y los objetivos que estás planteando, pero sobre todo cómo los piensas conseguir y en qué puede beneficiarle hacerlo.

Igualmente, ayuda si las preguntas que le harás a tu cliente están relacionadas con el negocio, por ejemplo, decirle "¿cómo está su negocio? O preguntas del tipo ¿qué está pasando actualmente en su tienda? ¿cómo se encuentra el sector de (sea cual sea el producto de tu interés) en este momento?, ¿cómo van las ventas? ¿qué ha sucedido desde la última vez que nos vimos?" así, si puedes escuchar activamente sus respuestas, el cliente de alguna forma u otra te dirá lo que necesitas saber para convencerlo, sea que está preocupado por los costos o la rentabilidad, sea lo que sea, estas preguntas te brindarán la información necesaria para detectar su necesidad real.

En tal sentido, algunas palabras te abrirán las puertas a la mente de tu cliente, por lo tanto, tal vez debas evaluar su uso y administrarlo a tu favor, por ejemplo, palabras como "ahorrar, necesitar, garantizar, fácil, dinero, resultados, salud, encantar, descubrimiento, seguridad, comprobado, usted / [usar el nombre de la persona]" son palabras que te acercarán al cliente, lo harán sentirse en confianza, serán mucho más efectivas que otras que, aunque no lo parezca, desenfocan su atención.

También debes cuidar tu lenguaje corporal, mantén una buena postura, los brazos sin cruzar, así como también deberías mantener las piernas sin cruzar y no tenerlas en movimiento, sino tener los pies pegados al piso, debes estar plantado en el piso para proyectar la seguridad que deseas. La idea es que distribuyas bien tu peso y tengas una imagen simétrica, lo cual siempre irradia armonía en el otro.

Otro fundamento de la preparación del que poco se habla es la conciencia corporal. El lenguaje corporal puede edificar una buena relación desde los primeros segundos de presentación. En todo momento el ser humano está comunicando, así no esté hablando, de hecho, la mayor parte del proceso comunicacional no es verbal, esto lo dicen muchísimos expertos en el área lingüística, entonces debemos asumir qué comunicamos con nuestro cuerpo y atender a qué deseamos comunicar para observar cómo podemos cumplir ese objetivo. Por ejemplo, hablar con las palmas hacia abajo, asentadas y balanceadas proyecta fortaleza, parece decir "esto es así", mientras que las palmas hacia arriba parecen decir "ayúdame, quiero complacerte". Por otra parte, un dedo que apunta hacia adelante y se mueve de forma simétrica indica dominio, parece decir "usted hará lo que yo diga y como yo lo diga", pero un cuerpo asimétrico y un tono de voz lo suficientemente monótono proyecta reflexión y parece decir "yo soy un ser razonable, reflexivo, lógico." Entonces, en todo momento debemos tener presente que nuestro cuerpo es nuestro lenguaje más valioso y debemos hacerlo valer para apoyar nuestro mensaje, no para entorpecerlo.

Capítulo 6: Objeciones.

Ahora hablemos de las objeciones, centrémonos por un momento en cómo abordar las objeciones sabiendo lo que sabemos sobre los negocios y sobre cómo prepararnos para ellas, hay que saber qué hacer en el momento exacto en que ocurran. De cualquier forma, no se debe perder el tiempo cuando un cliente presente una objeción, debes dejar de hablar y escuchar inmediatamente, atajar esto lo antes posible, entonces lo primero es tomar esa objeción común y general y volverla específica. Escucha antes de responder, estés de acuerdo o en desacuerdo, sólo escucha. Podrías empezar por parafrasear lo que el cliente acaba de decir y tratar de descartar otras objeciones para ver si sólo es esa única objeción o hay más, en tal caso, es importante saberlas lo antes posible, podrías decir algo por el estilo de "¿usted me quiere decir que le falta espacio? ¿todo lo demás está bien?" y así podrás observar con su respuesta qué le falta y cómo ayudarlo.

Una vez que reúna la mayor cantidad de información, si nota que hay varias objeciones, pídale al cliente que priorice sus necesidades, así podrás categorizar lo urgente y diferenciarlo de lo importante, lo cual te dará perspectiva para responder. Transforme la objeción en una pregunta que usted tenga la capacidad suficiente para responder, por ejemplo, "si entendí bien, ¿usted me está diciendo que si tuviese suficiente espacio compraría el producto?" y así, la objeción inicial se transformó en una respuesta sin necesidad de entrar en una confrontación.

Siempre debe atender las objeciones utilizando hechos y objetivos claros, haciendo recomendaciones amables, deja que los beneficios hablen por sí solos, esto será mucho más efectivo de lo que crees, realmente no necesitas mucho más que eso, también es bueno hablar de números y cifras valientemente, no tengas miedo a sugerir cantidades específicas, esto será bueno para el cierre de la venta.

Podríamos decir que todo se reduce a prepararnos muy bien en todos los sentidos, escuchar activamente, transformar las objeciones en preguntas, responder con beneficios y concretar el cierre de la venta, para después hacer un seguimiento responsable de el negocio. Ahora bien, sabemos que no todo es tan sencillo y hay muchos asuntos que podrían complicarse en el proceso, sin embargo, sí se puede pensar este proceso de una forma accesible para todos. Ayuda si haces un resumen del análisis de las condiciones de tu cliente hasta la fecha con la información que tengas disponible, así como también hacer otro resumen de las condiciones que ofreces tú y un resumen similar de tu trabajo como vendedor o de la empresa que representas, todo esto para presentárselo al cliente. Siempre debes atender reiterativamente los puntos clave que menciona tu cliente, preparar un discurso simple, pero contundente que tenga las competencias para ganar el interés de tus clientes.

Sobre tu propuesta, esta debe ser simple y clara, debes asegurarte de que el cliente comprenda muy bien de qué estás hablando, siempre debes satisfacer una necesidad y sugerir una acción por hacer, además, debes asegurarte de que tu propuesta sea práctica y que tenga información que se pueda traducir en un "¿qué es?, ¿quién hace qué? y ¿cómo funciona?" de lo contrario, no tiene demasiado alcance en el mundo de los negocios. Siempre busca reforzar los beneficios para el cliente, esto es vital, ya que te dará los recursos para demostrar que estás satisfaciendo una necesidad. Finalmente debes ofrecer opciones y pasos a seguir que sean fáciles, nada demasiado complicado. Si tu cliente cree que es un problema nuevo cambiar de marca o comprar tu producto, no lo hará si parece muy complejo de materializar. El acuerdo debe culminar con un plan de acción al cual le harás un seguimiento con mucho detenimiento para asegurarte de que salga bien, es mejor si este plan de acción va acompañado de algo que usted como vendedor pueda hacer por su cliente y no al revés.

Ahora, ya que estamos llegando al final de este libro, vamos a plantearnos un ejercicio práctico que debes realizar, si bien no será evaluado, el proceso de escribirlo y reflexionar en torno a él será de gran ayuda para ti.

Piensa que trabajas para una prestigiosa empresa que vende bebidas saborizadas y te encuentras lanzando una nueva línea de bebidas con agua que se encuentra incluida en una tendencia general de "estilo de vida más saludable" y ese tipo de productos. Tienes tres sabores como opción para el público. Ahora, tu comprador maneja ambos tipos de categorías, aún así, el beneficio es que usted está trabajando con jugos de frutas y agua sin sabores que, según investigaciones previas, se ha demostrado que es importante para la salud y que el público lo toma en cuenta a la hora de comprar. Sabes de entrada que tu cliente es alguien que es duro para los negocios, pero que desea ser visto como alguien que ofrece las mejores novedades en sus productos. Tu objetivo final es conseguir espacio en un anaquel estándar, es decir, dos caras por sabor, así como también una exhibición secundaria. ¿Qué haces? Prepara una presentación y convérsala con alguien que tome el rol de supervisor.

Capítulo 7: Sobre los cierres.

Sabemos que cerrar es demasiado importante a la hora de hacer negocios, así que debemos aprender cómo hacerlo de forma apropiada, esto implica procesar algunos extremos negativos de los cierres que se frecuentan en las negociaciones. Cerrar una venta suena como el final de un proceso y, en parte lo es, pero sólo en parte, únicamente podemos afirmar esto con reservas, ya que aunque una parte culmina, es el inicio de una nueva alianza, así que debes asegurarte de que no haya cabos sueltos para que todo marche de forma óptima en un futuro cercano.

De hecho, cada parte del proceso de negociación puede ser un cierre, si sabes manejarlo. Por otra parte, cerrar nunca es el fin, esto es vital comprenderlo bien. Entonces, debes atender muy bien cómo te conduces en una venta, cuídate de no sobrevender, esto te hará ver desesperado y le quita validez a todo lo que dices, recuerda que tu credibilidad es tu divisa más importante, debes administrarla como si de dinero se tratara, esto quiere decir que no pretendas forzar las cosas, sobrevender genera un sentimiento de escepticismo terrible en tu receptor, lo cual puede ser sumamente perjudicial para ti mismo y el producto que buscas vender y, en consecuencia, la empresa a la que representas. Bien seas representante de ventas o, si trabajas independiente, tú eres tu propia marca que defender, entonces actuar como tal es de gran pertinencia. Es comprensible que cuando tienes grandes deseos de cerrar una venta surja un sentimiento de urgencia que te impulse a vender con determinación, pero la desesperación y la determinación no son lo mismo, de hecho, son sumamente diferentes y se proyectan como tal. Debes cuidar este aspecto para asegurar una buena relación con el cliente y que el cierre de venta se dé en armonía.

En ese orden de ideas, subvender es otro error, la otra cara de la misma moneda, hacer esto es irse al otro extremo y justamente el extremo más infértil e improductivo. Subvender hace que sea imposible despertar interés en tu cliente, además de que no le das la oportunidad de evaluar tu oferta en todo su esplendor, te quedas corto y esto desmerece el producto que se supone que vas a vender. Trata de mantener un balance en tu perfil como vendedor, no irte a un nivel de urgencia extrema y terrible, pero mucho menos intentes sobrecorregir esto minimizándote a ti y a tu producto. El equilibrio es el mejor consejero de aquellos que se están relacionando con otros, especialmente si esta relación tiene dinero de por medio y sustenta tu carrera profesional.

Algunas razones por las cuales algunos vendedores no concretan una orden a tiempo de forma eficiente es porque tienen miedo de recibir un no como respuesta. El miedo es paralizante y te pone en una posición pasiva que no es la ideal para ningún vendedor de ningún tipo, entonces trata de pensar que el miedo es tu compañero, es este el que debe impulsarte a cerrar la venta, pedir la orden y articular lo siguientes pasos a seguir. Es cierto que una negativa después de haber hecho todo bien y haber invertido tiempo y energía (y a estas alturas de la vida profesional ya sabemos que el tiempo siempre es dinero, así que es una doble pérdida de capital humano y económico) pero es mejor caminar a la luz de la verdad, al menos ya sabes si esa ambigüedad era un no y tienes un nuevo aprendizaje que suma a tu experiencia laboral.

Debes aceptar de entrada que nunca sabrás qué está pensando el comprador, así que asumir sólo te volverá loco y evitará que tomes la delantera en el campo profesional que te compete. Limítate a vincularte con él como si no fuera algo de vida o muerte, proyecta seguridad y todo saldrá bien. De la misma manera, pensar que tu cliente no ha entendido completamente el tema y quedan cosas por explicar hace que prolongues la interacción y esta elasticidad puede no jugar a tu favor, debes ser lo más claro posible y economizar tus palabras de manera inteligente, sé sencillo, pero preciso. Si te preparas lo suficientemente bien, tendrás los recursos para elaborar una exposición breve y eficiente sin demasiada verborrea, pero si crees que necesitas hablar horas y horas o tener miles de reuniones para cerrar un caso, es cierto que puede ser que tu cliente sea muy duro, pero también piensa que tu investigación previa puede haberte afectado, ya que si tuvieras la información necesaria ya habrías dado en el clavo con lo que necesita el cliente para tomar la decisión.

Recuerda que el tiempo es dinero y nadie quiere perder ninguno de estos dos recursos tan valioso. Estirar el momento de dar la orden no le hace un favor ni a tu empresa, ni a ti, ni a tu cliente. Confía en ti mismo y da el salto antes de perder tiempo o perder una oportunidad por aburrir al cliente con palabrerías sin sentido o sin dirección clara.

Por el contrario, sentir que tu cliente tiene toda la información necesaria demasiado pronto y que no necesitas preguntarle, sólo generará situaciones demasiado incómodas que te descartarán de inmediato. Es cierto que no quieres dilatar una interacción de forma innecesaria, pero tampoco debes precipitarte a algo que todavía no está completo. De nuevo, el balance es lo ideal y debes crear un criterio sólido para detectar cuándo es el momento de dar la orden y establecer los pasos a seguir para cada una de las partes. Esto último también es vital, cuando ya tengas el criterio de asegurar el momento de la orden, debes dar un plan de acción viable, lo que quiere decir que de antemano debes tenerlo preparado y estimado, debes tener todos los recursos posibles para llevarlo a cabo y saber que tu cliente también los tiene para hacer su parte, de lo contrario también será una pérdida de tiempo y energía, además de ser sumamente frustrante para ambos y una pésima forma de terminar algo que pudo ser una maravillosa alianza de negocios estratégica y funcional para mantener en el tiempo. De manera que debes siempre buscar el equilibrio y tener una base sólida de preparación, investigación y, sobre todo, confianza en ti mismo. Si confías en tu preparación y en tus capacidades, serás capaz de lograr cualquier negocio y cualquier objetivo en tu vida.

Conclusión

Ahora que hemos llegado al final de este libro, esperamos que todos los conocimientos recibidos a partir de él sean provechosos para tu futuro personal, pero no debemos olvidar tu vida personal, la cual esperamos que también se vea beneficiada por tus nuevas herramientas de negociación y manejo de objeciones. Como dijimos previamente, el ser humano es un excelente negociador por naturaleza, pero la educación sentimental que recibimos muchas veces suele matar nuestros instintos de conseguir lo que deseamos. Es importante recordar que todos esos recursos ya están dentro de nosotros, sólo tenemos que volver a aprenderlos, debemos recordarlos y darles vida propia.

Asimismo, debemos recordar que, si bien es cierto que siempre estamos en negociaciones con los demás (nuestros clientes, jefes, familiares, parejas, hijos, etc.) también lo estamos constantemente con nosotros mismos. Nosotros somos nuestro negociador más difícil de llevar, no podemos vernos de afuera y por ende, no nos juzgamos con claridad. Cada vez que tenemos que ser puntuales y nos vemos en la dificultad de sacrificar algo para gestionar nuestro tiempo debidamente y lograr nuestros objetivos, estamos manejando las objeciones que nos ponemos nosotros mismos para conseguir ganancias a corto plazo por encima de nuestras metas a largo plazo. Por ejemplo, cuando tenemos la opción de una interacción social recreativa, pero que nos quitará horas de sueño y descanso necesarias para trabajar de forma óptima al día siguiente o cuando debemos sacrificar esas horas de sueño para prepararnos para una presentación importante de trabajo, todos esos casos son momentos en que nos dividimos y hacemos los roles de cliente y negociador, nosotros mismos nos presentamos las objeciones y debemos aclararnos nuestras necesidades reales para convencernos de hacer lo que más nos convenga en el tiempo.

Tener claras las estrategias que utilizas con otros, pero aplicarlas contigo mismo te dará la perspectiva necesaria para lograr tus objetivos y cortar patrones terribles de autosabotaje que en otros momentos posiblemente arruinaron grandes oportunidades, después de todo, tú eres el único responsable de tu felicidad y probablemente seas tú mismo quien se interpone en tus metas más grandes.

De la misma forma, así como haces el seguimiento de tus proyectos, debes hacer seguimiento a tus deseos y a tus metas. Siempre es importante preguntarte por qué quieres hacer lo que sueñas, escucha tus motivaciones y atiende a esos objetivos, tu propósito es aquello que te movilizará o te paralizará, dependiendo de su fortaleza y qué tan arraigado esté. A veces es trágico crecer lejos de tus objetivos, cambiar tus sueños es cambiar de destino y va muy ligado a quién eres como persona. Reconocer que ya no eres el mismo y deseas algo distinto es clave para dejar de perder el tiempo y emprender tus nuevas metas. Siempre que reconocer tu cambio no implique evadir el camino que se materializa con sacrificio y trabajo, sino una observación honesta de tu presente, no olvides que es relativamente fácil mentirle a tu pareja, a tus compañeros, a tus amigos, pero mentirte a ti mismo es terrible, más allá de ser triste, es improductivo, es una mentira sin alcance que no te llevará a nada eventualmente, sólo te hará infeliz y te dejará en un porvenir estático y estéril. Si tus metas están claras en tu vida y ya sabes lo que quieres, así como cuando cierras una venta y estableces un plan de acción con tu cliente, debes identificar las acciones por realizar para conseguir tus sueños.

Algunos expertos coinciden en que hacer listas de cosas por hacer (especialmente cuando estas tienen que ver con metas personales) puede ser muy abrumador, lo cual puede llevarte a no hacer nada finalmente. En estos casos, ellos recomiendan hacer listas de cosas hechas y empezar por ahí, es decir, cambiar esos "To do list" por "To did list/To do list" e integrar lo hecho con lo que queda por hacer, así puedes observar el camino recorrido y entender que cada paso te ha llevado a donde estás, así tus deseos no parecerán imposibles porque siempre tendrás en perspectiva lo que ya has ido logrando y das por sentado. Esto lo podemos extrapolar a tu vida profesional, a veces cuando un cliente parezca demasiado difícil, anotar en un papel los tratos que has cerrado o todo lo que tu empresa ha logrado y cómo esto podría beneficiar a tu receptor, será de gran ayuda, no sólo tenerlo presente, sino de hecho escribirlo en papel, ya que expertos en el tema también afirman que procesamos mejor la información cuando la anotamos, de alguna manera logramos internalizarla. Así que estas afirmaciones que no están basadas en buenos deseos, sino en hechos ya confirmados, realmente tendrán un impacto real en tu psique y en tu realidad inmediata.

Ahora que el libro está terminando, no quisiera cerrar sin antes dejar un último ejercicio como cierre de este proceso de aprendizaje. Siéntete libre de realizarlo o no, pero debes saber que hacerlo será provechoso para metabolizar todos estos conocimientos nuevos y es un ejercicio que, aunque no lo hagas justo en este momento, porque sí requiere tiempo para hacerse en su totalidad, puedes volver a él cuando lo necesites con motivos de trabajo. Entonces, busca donde anotar y empecemos.

Ejercicio

Consigue dos o tres compañeros, preferiblemente personas con quienes trabajes o que estén en la misma industria que tú, tómense una hora para preparar una preparación para un comprador (deben establecer previamente una narrativa sobre quién es el comprador y las circunstancias dadas, ayuda si este es real y es alguien con quien de verdad te gustaría trabajar). Seguidamente, establezcan una iniciativa y un problema de ventas real, por ejemplo, existe un nuevo producto que se ha encontrado, lamentablemente, en quiebre de stock durante las últimas dos visitas. Tiene una pésima colocación de espacio en el anaquel y quieren resolverlo con una nueva exhibición promocional. Tienen que realizar una presentación de cinco o diez minutos.

Establecer pautas y tener personas con quien responder, además de practicar tus técnicas de orador, es sumamente importante porque tienes con quién probar estrategias, sin la presión del cierre real, así que cuando llegue el momento te sentirás más cómodo y podrás relacionarte con mejor preparación que, como ya sabes, es el truco más sabio del mundo. Mientras mejor preparado estés, más confianza tendrás y las personas huelen la confianza tanto como los perros huelen el miedo.

Esperamos que todo lo que has leído en el presente libro te sea de gran ayuda y te dé los recursos necesarios para mejorar tu relación con las objeciones de tus clientes, de cualquier forma, esos recursos ya están en ti, sólo debes reencontrarte con esa fortaleza de negociación natural dentro de ti.

Libro 2: Manejo de Objeciones:

Conviértete en el Mejor Cerrador e Incrementa Tus Ingresos al Aprender Cómo Convertir Todos Los "No" en un "Sí"

Volumen 2

Por

Income Mastery

¿Qué problemas vamos a resolver?

Debemos tener en cuenta que nuestro primer problema es el correcto acercamiento a las personas para ganar su confianza y así no desarrollen una predisposición que más adelante se convierta en un "no, gracias", "no me interesa", o un "no quiero", que comúnmente lo consideramos una objeción. Muy probablemente nos ganemos 2 respuestas negativas por cada 3 o cada 5 personas que consultemos, y eso no nos puede frustrar o deprimir, pues esto forma parte del mercado, sin embargo, lo que debemos desarrollar es la capacidad correcta de persuasión para ganar el interés y la atención de ese público al que estamos intentando enamorar o conquistar para venderle una idea, un servicio o un producto.

Pero, antes de continuar, desarrollemos el significado de la palabra "Objeción". Para la Real Academia Española, la objeción es un argumento que se opone a una opinión o a una proposición. Como lo mencionábamos antes, muchas personas ponen resistencia ante una propuesta, pero podemos prepararte como un experto en evasión de objeción, y experto en el arte de la persuasión, para que esos "no" que las personas te podrían a dar, se conviertan en un "sí".

Principalmente, todo está en la actitud, en la seguridad que expreses a las demás personas, en el manejo completo del tema que estás vendiendo, el cual buscas que sea apoyado por los demás. Además, otra característica importante que debes tener en cuenta para aumentar tus posibilidades de un "sí", es que debes vender los beneficios de la propuesta de manera tal que el usuario sienta la necesidad de dar el sí, aunque realmente no lo necesite, en pocas palabras, diciendo lo que la persona quiere escuchar, y manipularlo o manejarlo a tu favor, obviamente sin mentir o vender una idea falsa.

Existen muchos cursos de oratoria y de manejo de respuestas que te pueden ayudar a formar, pero ¿cómo saber cuál es el correcto? Tu carisma es el pilar fundamental de tu estrategia, si no tienes carisma, o buen humor, o capacidad de hacer reír y divertir a la gente, lo mejor es que ni intentes combatir la objeción. Cuando una persona es amable, carismática, comprensiva, respetuosa, divertida, y sabe lo que la otra persona quiere o busca, tiene un 99% de éxito a la hora de buscar un sí para una propuesta. Es importante comprender que no todas las personas a las que abordamos, son de buen carácter o tienen buen humor, tal vez muchos de ellos están estresados o han pasado por algún mal momento recientemente que puede provocar una reacción negativa por parte de él o ella, pero si lo tratamos con respeto, comprensión y cariño, muy probablemente esa persona te dé la oportunidad de al menos escuchar tu propuesta, lo cual ya es 60% de batalla ganada. A partir de ahí, con solo venderle el producto de manera atractiva, ya podrás tener un "sí". Cuando existe la primera negación u objeción, es importante preguntarle de manera indirecta o discreta a la persona el por qué de su negatividad, por qué no le gusta la idea, o incluso, qué es lo que busca para que el producto le parezca atractivo, y generalmente con esta técnica puedes jugar con los argumentos para que, si existe coincidencia con su necesidad y lo que ofreces, le des un argumento que le satisfaga la necesidad y así se pueda sentir en confianza de aceptar la oferta. Esta fórmula es perfecta para quién busca promover una idea, una venta o una propuesta. Otro dato importante que generalmente funciona, es dejar que el cliente se exprese primero, que nos cuente su problema, su necesidad y qué busca para satisfacer esa necesidad. Esta estrategia es increíble porque estás dejando que el cliente se exprese y creas tres fenómenos importantes: el cliente se siente respetado e interesado porque te preocupas por su problema, da la respuesta del 90% de las preguntas que necesitas para venderle el producto, y por último, te permite ajustar tu propuesta a sus necesidades para que las puedas satisfacer y asegurar en gran magnitud una respuesta positiva, bajando de forma considerable la posibilidad de una objeción o negación.

Ahora bien, si aun aplicando todas estas consideraciones, recibes una objeción o negativa como respuesta, debes mantener la actitud carismática, sin salir del personaje, sin demostrar depresión por recibir la negativa, o rabia, entre otros sentimientos, al contrario, debes conservar tu compostura y colocarte a disposición de la persona para un eventual cambio de opinión, o sencillamente que conozca personas a las que sí le interese la propuesta que estás promoviendo.

Una recomendación adicional es estudiar muy bien el mercado a consultar, estudiar el producto o propuesta que vas a promover, para que así sepas con mayor precisión el nicho de personas a las que vas a consultar. Si tu intensión es vender paquetes de seguros, debes enfocarte en el target de personas que realmente consumen este producto, por ejemplo, adultos mayores de 35 años, hombres y mujeres, que buscan un seguro para su salud, casa, familia, propiedades, entre otros bienes. Si en cambio, decides buscar clientes o personas que te compren tus paquetes de seguro en el público joven entre los 20 y 30 años, muy probablemente no concretes una venta, pues la mayoría de esos jóvenes están preocupados de otros temas como los estudios, la diversión, el trabajo, entre otras cosas, y no tienen una familia (hijos, parejas, etc.) que requieran una mayor atención, o los convierta en la cabeza de familia que sí necesite estos paquetes, o tal vez no tengan casa o vehículos propios que requieran asegurar.

Si en cambio, estás buscando vender planes de estudios universitarios, capacitaciones, maestrías, entre otros relacionados, puedes tener un target diferente de consulta, jóvenes de 17 años en adelante, que estén a puertas de comenzar una carrera universitaria y requieran asesoría para tomar decisión como futuros profesionales, o en su defecto, jóvenes estudiantes próximos a concluir su carrera universitaria, que deseen estudiar una especialización o capacitación adicional a su carrera.

Objeciones, y cómo lidiar con ellas

Las objeciones forman parte del proceso de ventas, y a menudo ocurren por las siguientes razones:

- **Por precio**: el cliente no tiene el suficiente poder financiero para costear el precio.

- **Por tipo de producto**: ocurre que el cliente pone resistencia a cambiar el producto o marca que ha usado durante mucho tiempo, el mismo no está en sus prioridades de compra, o simplemente el cliente no tiene suficientes razones para realizar o concretar la compra.

- **Por la empresa**: el cliente no se siente convencido o no confía en la empresa que representas, generalmente por falta de información.

- **Por el soporte o fama del producto**: puede ser porque el cliente no está conforme o contento con los servicios de post venta que ofrece tu representado.

- **Por el vendedor**: el cliente no siente confianza en la persona que le está ofreciendo los productos, tal vez por su actitud, su inseguridad o cualquier otro factor ya mencionado.

- Por lo general, todas las objeciones anteriormente son completamente manejables, con excepción de las referidas al vendedor, pues la única solución posible a esta sería sustituir al vendedor en dicha promoción.

Existen dos tipos de objeciones:

- **Dudas:** esta ocurre cuando el cliente objeta sobre la propuesta, pero aún así, se siente atraído o interesado en el producto y servicio, solo que por razones diversas, tal vez no está convencido de adquirir tu propuesta, tal vez porque en ese momento no tiene el dinero suficiente, porque quiere escuchar la promoción de otras marcas que ofrezcan el mismo producto o servicio, entre otros.

- **Excusas**: son los pretextos que utiliza la persona para evitar la compra, punto exacto en el que debemos dar punto final a la exposición de venta, pues en caso contrario, estarás perdiendo tiempo, ya que la persona está completamente bloqueada o cerrada a la oferta, y nada la hará cambiar de opinión.

Como se menciona anteriormente, puedes evitar o jugar a tu favor con estas objeciones al dejar hablar primero al cliente, que exponga las necesidades que tenga referentes al producto que estás promoviendo.

Manejar o lidiar con este fenómeno, requiere de algunas estrategias o consejos, las cuales, podemos destacar algunas:

- La principal recomendación, es que te prepares bien sobre el producto que vas a vender, estudiar al máximo todas sus características, asumir la personalidad del producto para poder resolver cualquier duda que tenga el cliente, con completa seguridad y veracidad. Esto siempre debe suceder antes de presentarte con cualquier cliente, debes conocer con exactitud los puntos fuertes y débiles de la marca y de lo que estás buscando vender, así prevés cualquier posible objeción del cliente, e inmediatamente tienes preparada de antemano las posibles respuestas que podrás brindar para que te den el tan anhelado "sí".

- Si se presenta una objeción, debes mantener la calma y controlar tus ánimos, debes evitar a toda costa polemizar o discutir con el cliente, pues las cosas se pueden salir de control y pueden ser puntos negativos para tu historial como vendedor. Recuerda esto: una objeción no es una invitación a discutir, al contrario, es una invitación del cliente a que le brindes más información y le aclares las dudas, es decir, es una oportunidad para que pongas en práctica tus habilidades de persuasión para convencer al cliente.

- Procura ser conciso, preciso y directo, sin tantos rodeos, sin tanta labia, simplemente asume la venta directa del producto. Los clientes generalmente no quieren escuchar una explicación tan larga y que se vaya por las ramificaciones, al contrario, necesitan una inmediatez, pues su tiempo vale oro, y tal vez están dejando de hacer actividades propias de la persona durante este tiempo, como reuniones, entrevistas, actividades diversas, entre otras, por dedicarlo a escuchar tu exposición, por lo que cada segundo cuenta, y debes aprovecharlo al máximo, conquistar al cliente con una exposición sin muchos detalles sin importancia, sino invertir la mejor estrategia de persuasión para promover la venta y compra de tu producto.

- Concéntrate en tu objetivo, el cual es que tu propuesta sea escuchada y aceptada por el cliente. Procura contar con un listado de preguntas claves que le realizarás al cliente antes de comenzar tu exposición, o tal vez durante la misma, para indagar más sobre lo que realmente puede interesarle. Esto te permitirá ajustar tu exposición para orientarla al rotundo éxito de la promoción y asegures un "sí" por parte del cliente.

- Debes mantener, ante cualquier escenario, una actitud tranquila y de diálogo, sin dejar a un lado la disposición de brindar mayor información y ayuda, ante todo procurando que el cliente sienta confianza en ti como vendedor, en la marca y producto que representas. Esto lo logras si sustituyes la ansiedad o el afán de vender por la intensión y el deseo de servir al cliente. Puedes tratarlo como una persona que respetas mucho y que buscas lo mejor para él, una estrategia que genera mucha confianza en el comprador.

- Durante una objeción, el cliente siempre tiene la razón, y debes dársela, más allá de lograrlo, debes buscar una solución sobre esa objeción y revertir el comentario. Esto lo logras si tienes la habilidad de buscar rápidamente una ventaja que pueda contrarrestar su argumento de negación. Por esto es que se menciona anteriormente que debes manejar la información completa del producto y marca, conociendo sus pro y contras de manera completa y exacta, pues eso te permitirá refutar en todo momento que sea necesario, bajo cualquier argumento que coloque el objetor, para luego brindar la información necesaria sobre un nuevo aspecto, buscando así que el cliente acepte la nueva propuesta del mismo producto y marca.

- Cuando la objeción persiste, o es la primera, una excelente estrategia es pedirle (con mucho respeto) al cliente más explicación del por qué no está de acuerdo, interrogando sobre él, buscando conocer sus razones, de esta manera, no solo tendrás la información necesaria para adaptar la presentación o entrevista al cliente o comprador, sino, además, humanizar más la relación, ganando más confianza con el cliente, demostrando el interés por las opiniones del cliente, valorando sus razones.

- Otra gran estrategia, tan importante como la de escuchar la opinión de los clientes, es la de demorar la respuesta. En ocasiones, te pueden tocar clientes que desde el primer momento presentan una objeción, sin haber escuchado la información completa, o parte de ella, por lo que es recomendable escucharlos y al final hacerles un comentario como el siguiente: "su objeción es interesante, pero permítame explicarle algo que aún no le he comentado...".

- Puedes obviar o ignorar la objeción, pero debes tener cuidado, pues esta estrategia solo la puedes aplicar cuando el cliente busca o pretende colocar al vendedor en una situación ridícula para lucirse ante sus compañeros o personas presentes en el lugar, o cuando el cliente presenta una conducta y comentarios groseros, y en ese caso, con mucho respeto, debes interrumpirlos, para luego continuar con la exposición como si esa conversación y momento incomodo no hubiesen pasado, pero por ningún motivo debes rebajarte a su nivel de discusión, al contrario, debes demostrarte completamente profesional.

- Puedes llegar a un convenio condicionado con el cliente, pues tal vez tu cliente objete sobre la propuesta u oferta de venta, ya que hay uno o varios detalles que no están tomados en cuenta en la exposición, o en la propuesta de compra, o simplemente detalles o características que no se les ofrecen a nuevos clientes. Bajo este concepto, puedes comprar la confianza del cliente al comprometerte con él mismo a conseguirle el producto del tamaño, color e incluso duración de contrato específico que desee o solicite el cliente, solo si él decide cerrar la venta contigo ese día y destacar que aunque eso no está contemplado en una compra común, para ti, él no es un cliente común sino un cliente especial.

- Como última recomendación, debes ser amable en todo momento y en cualquier circunstancia. De ser necesario, negar algún comentario erróneo u ofensivo por parte del cliente, debes actuar con cortesía, respeto y amabilidad, además de recalcarle al cliente que su opinión es completamente respetable y valida, aunque quizás no es compartida por otros clientes.

Frases y objeciones comunes, y cómo contrarrestarlas

Según el sitio web especializado en ventas "Alto Nivel", este es un listado de posibles respuestas negativas que recibirás por los clientes, y más adelante verás cómo puedes darle frente para persuadirlo:

- Lo que me ofreces no es lo que necesita mi empresa.

- Necesito un servicio más especializado.

- Tus costos están por arriba de lo pensado.

- No tienes capacidad para manejar lo que necesito.

Ante estas posibles negativas, lo primero que debes aplicar es la estrategia de minimizar las desventajas y maximizar en gran magnitud las fortalezas del producto y empresa a representar.

Ahora, si en cambio, las negativas son similares a las siguientes...

- Creo que no nos entendemos...

- No comprendo cómo es que...

- Me comentas que..., pero lo que ofreces es...

- No entiendo que...

Para este caso, debes inmediatamente presentar un argumento convincente para anular y contrarrestar la objeción, sin dar rodeos, presentando una estrategia objetiva y atractiva para el cliente. Sobre esto, y con el conocimiento de la marca que manejas, debes replantear la situación, sin perder mucho tiempo, recuerda que cada segundo vale oro para ti como vendedor.

Hay clientes un poco más desconfiados y escépticos, que pueden presentarte objeciones similares a las siguientes:

- Voy a pensarlo...

- Necesito corroborar algunos números...

- Tengo que plantearlo con mi superior...

- Tal vez en unos meses...

Con estas respuestas, tienes el 50% de la propuesta aprobada, no es un "sí", pero tampoco un "no", por lo que tienes que seguir maximizando el atractivo de tu propuesta para lograr convencer a tu cliente, o simplemente que se interese mucho más por tu propuesta y se enamore. Muéstrale los resultados positivos que haya tenido este producto y marca en su historia con otros clientes, para así seguir aumentando la confianza con esta persona. Debes hacer sentir al cliente que tú eres la respuesta y la solución a lo que requiere para su empresa, o para resolver sus problemas o necesidades con el producto que estás vendiendo.

Otros clientes, en cambio, presentan pretextos para no aceptar tu propuesta en ese momento, dando respuestas como:

- Llámame en unos meses...

- No creo que sea el momento...

- Voy a pensarlo...

- No tengo tiempo...

Ante estas posibles respuestas, debes buscar convencer al cliente de que el momento es ahora, tal vez en unos meses no será la misma oferta, o demostrarle que si pierde tiempo para concretar la compra, puede que no sea igual de atractiva como en este momento. Otro punto a considerar es que debes analizar si hubo algo que no quedó claro durante tu exposición o simplemente hubo un punto que no fue atractivo para el cliente por su precio, no cumple con las expectativas deseadas, entre otras razones, por lo que debes preguntar al cliente el por qué de su inconformidad, con mucho respeto y decencia.

Existen clientes que son realmente indiferentes a la propuesta que le estás vendiendo, y no quieren reconocer el valor que realmente tiene tu oferta, y pueden objetarte con las siguientes frases:

- No creo que sea lo que necesito...

- ¿Existe algo mejor?

- Y si ...

- Pero es que...

Para estas respuestas o esta actitud del cliente, lo correcto es romper inmediatamente la indiferencia, evita que esa negativa sea más grande, y empieza a destacar las necesidades que ese cliente puede tener, además, analiza lo que el cliente quiere y busca. Esta estrategia la puedes aplicar con frases como:

- Estará de acuerdo conmigo en que ...

- Le parece si...

- Dado que...

Para que todas estas recomendaciones tengan éxito, es importante destacar lo que hemos resaltado a lo largo de todo este material, y es que debes manejar y conocer perfectamente todas las debilidades, fortalezas, atractivos y características de tu producto, compañía y propuesta que estás promoviendo. Asume la personalidad de la marca, tú eres una extensión o representación del producto ante el público que quieres conquistar.

Formas de asegurar el cierre exitoso de una compra

Antes de explicar las formas para cerrar de manera exitosa una negociación, debes respetar las siguientes reglas de manera estricta:

- **Escuchar, sin interrumpir, antes de contestar la objeción**: Esta es la oportunidad perfecta para construir tu argumento de contra oferta que le ofrecerás al cliente ante la negativa que te pueda dar. Es como si utilizáramos la metáfora de que le estás dando la oportunidad a tu oponente de atacar, para que tu reaccionar ante ese ataque sea neutralizarlo inmediatamente, pues siempre tiene más oportunidad de ganar quien deja que el oponente inicie la pelea. Esta técnica te puede funcionar para diversos ámbitos de tu vida profesional y personal, pues la clave de todo en la vida, es saber escuchar, ya que, como dice el dicho, escuchar es mejor que hablar. Al escuchar a tu contrincante, puedes evaluar si está mintiendo, si está colocando excusas por colocarlas, entre otras razones, además de que puedes indagar sobre sus necesidades, saber qué busca y qué necesita para atacar alguna necesidad que tenga. Deja que se desahogue y te cuente hasta la más mínima información que te pueda brindar. Toda información es valiosa para tus argumentos de venta, y esto siempre te ayudará a planificar tus estrategias en tiempo real.

- **Repetir la objeción a tu manera, con tus palabras**: cuando te presentan una objeción, tienes la oportunidad de usarla a tu favor mediante la persuasión, o en dado caso de ser muy necesario, bajo la manipulación de las palabras que te presenta el cliente. Cuando repites esta objeción ajustada a la realidad que va a tu favor como vendedor, le estás vendiendo inmediatamente otro punto de vista al cliente sobre su argumento que tal vez no había tomado en cuenta, y es que, de todos los argumentos, por más negativos que sean, tienen un punto positivo que se puede maximizar para contrarrestar todo lo negativo que lo rodea. En este punto, el cliente o la contraparte sentirá que realmente hay algo atractivo en esa propuesta, o simplemente habrás ganado la confianza del mismo por evaluar y darte cuenta de algo que esa otra persona no había pensado o contemplado. Al hacer esto, es importante no sonar soberbio con el cliente, sino al contrario, demostrarle que tú estás para ayudarlo y que siempre es importante evaluar absolutamente todos los puntos de vista de una propuesta, sean negativos o positivos, antes de tomar una decisión, pues tal vez haya más razones positivas que negativas en esa propuesta, y que lo positivo, siendo bien trabajado, puede contrarrestar lo negativo. Esto debes destacarlo con mucha humildad.

- **Acordar que eso y solo eso es lo que lo separa de la venta**: con mucho respeto, debes destacarle al cliente que solo esa pequeña objeción es la que lo separa de la compra. Por esto, debes apoyarte muchísimo en el punto anterior donde mencionamos que debes repetir y manejar la objeción que tu cliente da, con tus propias palabras, o adaptándola a tu propio argumento. El cliente debe caer en una especie de reflexión consigo mismo, donde piense bien todos los puntos de vista necesarios para él para dar el "sí" a esta compra. Siempre debes buscar puntos en los que coincidan ambos. Para crear ese lazo afectivo necesario para entender al cliente, y que el cliente se sienta entendido por ti, confiado de que entiendes lo que quiere y que sabes lo que necesita, y justo para eso tienes la solución, solución que está a un paso del "sí", que como lo decimos, es lo único que los separa de la venta. Puedes indagar un poco más en su información personal, y si la propuesta que le intentas vender también beneficia a su familia, no debes dudar en destacarlo, pues eso puede ser un gran comodín a tu favor para cerrar esa venta, toma en cuenta que no hay nada más valioso para una persona que su familia.

- **Desvanecer la objeción según las técnicas mencionadas anteriormente**: es fácil desvanecer cualquier objeción, simplemente debes seguir estos puntos que son un resumen de lo anterior:

a) Debes prepararte bien sobre el producto que vas a vender.

b) Procura ser conciso, preciso y directo, sin tantos rodeos, sin tanta labia, simplemente asume la venta directa del producto.

c) Concéntrate en tu objetivo, el cual es que tu propuesta sea escuchada y aceptada por el cliente.

d) Debes mantener, ante cualquier escenario, una actitud tranquila y de diálogo, sin dejar a un lado la disposición de brindar mayor información y ayuda.

e) Durante una objeción, el cliente siempre tiene la razón, y debes dársela, más allá de lograrlo, debes buscar una solución sobre esa objeción y revertir el comentario.

f) Cuando la objeción persiste, o es el primer comentario, una excelente estrategia es pedirle (con mucho respeto) al cliente más explicación del por qué no está de acuerdo, interrogando sobre él, buscando conocer sus razones.

g) Demorar la respuesta.

h) Puedes obviar o ignorar la objeción, pero debes tener cuidado, pues esta estrategia solo la puedes aplicar cuando el cliente busca o pretende colocar al vendedor en una situación ridícula para lucirse ante sus compañeros o personas presentes en el lugar.

i) Puedes llegar a un convenio condicionado con el cliente, promoviéndole la exclusividad de una negociación que no todos los clientes podrían tener, haciéndolo sentir especial.

j) Debes ser amable en todo momento y en cualquier circunstancia.

- **Reanudar la entrevista como si nada la hubiese detenido**: si se presenta algún imprevisto durante la exposición de motivos, como una interrupción abrupta, alguien se une a la conversación con el cliente u ocurre algo que pueda romper el hilo comunicacional, debes continuar como si nada hubiera pasado, reanudando en el punto donde ocurrió la interrupción. Evidentemente debes conservar y mantener una gran concentración sobre tu exposición, pues si ocurre esta interrupción o cualquier otra, y no mantuviste un correcto dominio del tema, se volverá incómodo para ambas partes reanudar la conversación, ya que no recordarán ninguno de los dos el punto que quedó en desarrollo y esto puede causar el desinterés por parte del cliente a seguir escuchando tu oferta. Por lo general, cuando sucede este fenómeno, los nervios pueden ser perjudiciales y traicioneros para ti como vendedor, haciendo que pierdas el hilo de la exposición, obligándote a repetir muchas cosas que tal vez ya dijiste, caigas en la redundancia, muestres inseguridad y te vuelvas vulnerable para que el cliente te dé una objeción y sea él quien te manipule con sus argumentos para decirle que no a tu proyecto.

Este es el ABC que debe respetar un vendedor exitoso a la hora de promover una propuesta o una venta.

Una vez que tengas en claro el ABC de las ventas, puedes fusionarlo con las siguientes recomendaciones o pasos para cerrar un trato de manera exitosa. Estas recomendaciones las sugiere el portal especializado en ventas Clube.com.mx:

- **Aclara tus intensiones primero**: al iniciar tu exposición, tu principal objetivo debe ser presentarte, generar una impresión positiva ante la persona que estás tratando de convencer, brindarle tranquilidad y confianza en ti. Por lo general, no tienes una relación de confianza con el comprador, pues seguro ni te conoce, por lo que es imprescindible ahorrar y ganar tiempo abordando el tema de manera inmediata, incluso si ya conoces a la persona. Evita una charla o conversación previa con las personas, pues así se dará cuenta que vas directo al grano al grano y no tienes intensiones de perder tiempo, o que vas lanzando flechas porque no sabes cómo venderle la propuesta. Puedes comenzar con la siguiente frase: "Mi objetivo el día de hoy es mostrarte mi producto o servicio, decirte cómo te beneficia, presentarte el precio al final de la reunión y convertirte en cliente".

- **Primero el precio, después la presentación**: por lo general, esta técnica suele funcionar, pues al presentar el precio del producto antes que el resto de la exposición, podrás invertir el tiempo restante en explicar el por qué este producto tiene ese costo. En el momento en que el cliente manifiesta dudas u objeciones sobre el producto, podrás defenderlo con toda la seguridad y confianza, porque ya la parte más dura pasó, la cual es darle el costo al cliente. Por lo general, esta es la parte más difícil, pues nunca se sabe cuál será la reacción del cliente a escuchar el valor de dicho producto, puede tener una respuesta positiva o negativa. Para que esta técnica funcione exitosamente, debes tener una gran habilidad para dar una respuesta rápida y ajustada a la realidad de lo que estás conversando en ese momento con el cliente, pues siempre tendrás posibilidades de que la respuesta sea negativa, y por cualquier razón, por lo que debes llevar preparado un repertorio de posibles respuestas a posibles objeciones, preferiblemente como especie de lista, pero que debes dominar muy bien y de manera casi perfecta, pues a la hora de dar respuesta a una objeción, no es válido que dejes esperando al cliente mientras creas la respuesta más conveniente, ni tampoco puedes sacar el listado de las posibles respuestas frente al cliente, como si fueras a consultar al diccionario, porque demostrarás completa inseguridad, y por ende, será un total fracaso la venta.

- **Enfócate en el cierre**: debes tener en cuenta que, si no llegan a un acuerdo, cierre o intercambio, ninguna de las dos partes ganará. Durante y después de la reunión, el vendedor debe estar completamente enfocado en motivar y persuadir al intercambio con el cliente, llegar a un acuerdo, procurar ganar, aunque no todo el tiempo podrá hacerlo. El cliente puede obtener algo de tu parte, lo cual será información del producto o servicio para tenerlo como conocimiento general y compartirlo con personas que tal vez estén interesados, y tú obtendrás de tu cliente información y razones del por qué no lo utiliza o sí lo utiliza, a modo de sondeo de audiencia que te permitirá afinar tu propuesta y estrategia de ventas para futuras entrevistas o propuestas de ventas. Es importante que no impongas tu razón por sobre todas las cosas, simplemente puedes manifestarle al cliente que, en tu opinión, es una gran oferta que no todos tendrán la oportunidad de disfrutar.

- **Simplifica las objeciones:** muchos expertos en el arte de las ventas destacan que existen 4 razones básicas por las que un cliente no comprará: el dinero, el tiempo, emplazamiento o el producto. Por lo general, todas las objeciones se centran o tienen que ver con las cuatro razones antes mencionadas, por lo que es importante tener muy en cuenta esa información para la evasión y persuasión sobre la propuesta. De estas 4 razones, la más común en detener las negociaciones y ventas, es la del producto, lo que se traduce en que aun no entienden del todo los atractivos y beneficios que estás proponiendo o vendiendo para su vida u organización. Cuando un vendedor busca, entiende y conoce todas las opciones y formas que de alguna u otra manera puedan interferir directamente en las cuatro variables ya mencionadas, estará preparado y habrá cubierto la mayor parte de las posibles objeciones, y tendrá la habilidad de actuar de manera inmediata cuando el cliente divague sobre esos temas.

- **Presentar al equipo**: para un vendedor que está en la fase de cierre de la venta o exposición, puede afincarse en este último paso, el cual es conocido como "el apoyo de una tercera parte", pues aquí estaría colocando sobre la mesa a dos aliados para reforzar la confianza de la venta contra una persona, que sería el cliente, una manera de mostrar el apoyo con el que cuenta el ejecutivo de ventas. Esta estrategia permite mostrar una mayor seguridad y control sobre la venta, además, permite que el cliente entienda el tamaño de la oportunidad y el enfoque de un equipo encargado y dedicado a generar resultados positivos en la venta, lo que genera mayor confianza sobre el cliente.

Estrategias de ventas

La base fundamental de una correcta venta es el discurso o speech adecuado para la venta. Pero, **¿Qué es un speech de ventas?**

Por lo general, se conoce como un speech de ventas a los discursos preparados o preprogramados que se utilizan como argumentos para efectuar una venta, lo que permitía que los compradores, en ocasiones, solo respondieran para complacer al vendedor o ejecutivo de ventas, y no porque realmente veían necesario el producto. Esto permitía un perfecto dominio de los temas a exponer o propuestas a vender para inmediatamente convencer y persuadir al cliente de adquirir la promoción que el ejecutivo le proponía.

En la actualidad, estos speech van mucho más allá que un protocolo, o frases prefabricadas, pues ahora son considerados un conglomerado de ideas que buscan acceder y llegar al subconsciente del cliente, entendiendo que no todos los clientes son iguales, que cada uno tiene necesidades y características diferentes, además de reconocer los sentimientos de ellos.

Por estas razones, los nuevos discursos o speech de venta deben cumplir con los siguientes parámetros:

- Reconoce el segmento al que va dirigido el producto y por ende, los consumidores.

- Maneja las necesidades básicas de este tipo de clientes y llama la atención a través de ellas de forma tal que el potencial cliente esté conectado contigo.

- Llama la emoción y atención indicándole todos los momentos que podrá vivir si adquiere el producto.

Esto te permitirá desarrollar un discurso mas heterogéneo que te permitirá flexibilizar y adaptar en función a cada cliente de una forma sencilla y cómoda para ti como vendedor.

Ahora bien, puedes manejar un buen speech de venta, pero si no tienes idea de cómo efectuarlo, tendrás las mismas complicaciones que tiene cualquier vendedor sin estas herramientas. La manera correcta de efectuarlo es comenzando con una buena introducción, analizando al cliente y trazando estrategias y argumentos para convencer al comprador, pero para lograr esto, debes seguir una serie de pasos para que el cliente no se sienta invadido, atacado o forzado a cerrar una compra, tal y como suele ocurrir si se maneja un speech de ventas tradicional, o que mencionamos al inicio de este material. Según el portal DyD, los pasos a seguir son:

- Mantente atento a lo que diga el cliente, pues él será quien te aporte la información necesaria para efectuar un discurso ajustado a él.

- Muéstrale al cliente todas las ventajas que tendría adquiriendo el producto, conociendo el tipo de persona con la que estás tratando.

- Pregúntale acerca de sus gustos en torno al tipo de producto que ofreces.

- Háblale de forma cercana, aquí entra en juego el speech de ventas directo, más cercano, menos engorroso, con tonos y enfoques menos prejuzgados, se más familiar, pero con propiedad a la vez.

- Si tu cliente no está en el sitio, o está distraído o apurado, mejor concreta otra entrevista con él.

- Responde fluidamente a las preguntas que se te efectúen para generar confianza.

- Luego de conocer por completo las necesidades, menciona claramente la oferta que tienes a la mano. En este punto, debes manejar datos de tu speech de ventas concretos y certeros que le serían útil al cliente.

- Muéstrale al cliente que no hay razones para evitar adquirir el producto o servicio.

Podemos poner en práctica estas estrategias con diversos ejemplos de speech de ventas, pues existe una infinidad de ejemplos perfectos que se pueden poner en práctica, ya sea por teléfono, en un conversatorio o directamente en persona con algún cliente. A continuación, te compartimos algunos que nos recomienda el mismo portal web:

Primera etapa, saludo e identificación

Hola, Muy buenas tardes, le habla Keymer Roa, Asesor del área comercial del servicio de cable AltaLinea, ¿con quién tengo el gusto de hablar? Señor Víctor, sería tan amable de comunicarme con el Señor Gonzalo Sandoval ¿por favor?, mil gracias

En caso de que el cliente no se encuentre:

- *Nos estamos comunicando del servicio de cable AltaLinea para poder constatar los datos que se encuentran registrados en el formulario de afiliación. Este proceso es realmente importante, ya que, a través de él, podremos proceder a efectuar la afiliación a nuestro sistema. Usted me podría indicar en qué momento podría localizar al señor Sandoval o facilitarme un número telefónico para contactarlo de inmediato.*

- *Muchísimas gracias por su valiosa colaboración, le llamaré en la hora que usted me indicó.*

- *Recuerde que le habló Keymer Roa, asesor del área comercial de cable AltaLinea.*

Si el cliente está allí:

- *Buenos días Señor Gonzalo, le habla Arelis Ortega, asesora del área comercial de cable AltaLinea. ¿Cómo está?*

Segunda etapa, razón de la llamada

- *El día de hoy le estamos llamando para realizar la verificación de los datos que suministró en el formulario de afiliación a nuestro servicio de televisión por cable, todo esto con la finalidad de que los datos que agreguemos a la base de datos sean los pertinentes y concluir con el proceso e afiliación. Este procedimiento solo durará unos minutos.*

Tercera etapa, confirmación de datos

- *Podría usted responder a las preguntas que le haré a continuación, por favor.*

Cuarta etapa, despedida

- *Señor Sandoval muchísimas gracias por los minutos que nos facilitó para efectuar la verificación, cuanto antes, el personal de servicio técnico se pondrá en contacto con usted para instalarle nuestro servicio. Que tenga feliz tarde, hasta luego.*

Tal como se pudo observar, el speech de ventas tiene las características de un párrafo u oración, pues está compuesto por un inicio, un desarrollo y un cierre, de manera tal que el cliente quede complacido y conforme con la atención, se logren los objetivos establecidos y la venta se haga efectiva de una forma satisfactoria, pero es importante destacar que este es solo un ejemplo, pues de manera presencial, el speech necesariamente variará, ya que dependerá de otros factores para que sea pertinente, y esos factores los conocerás solo en el momento en que estés desarrollando la exposición con el posible cliente.

Un tip muy importante a destacar es que, al realizar cualquier tipo de speech de ventas, no debes perder la paciencia en ningún momento. Debes trabaja en tu seguridad para que la misma sea tu mejor carta de presentación ante futuros clientes.

Siempre debes tener muy en cuenta las ventajas y desventajas de tu producto o servicio, así como lo hemos recalcado tanto durante estas líneas, y debes tener presente que esto atraerá más al potencial comprador, pues él verá en ti a un amigo que le está ofreciendo una solución a sus problemas. Debes destacarte por ser alguien que aporta mejoras a la vida de ese cliente y no el que lo atosiga o ataca para ganar dinero. Recuerda que la posición en la que te coloques, marcará la diferencia, y esto te ayudará a alcanzar tus objetivos y concretar la venta.

Hay varias **técnicas de cierre de ventas**, que incluso podríamos definirlas como formatos de cierre. Es importante que leas las que te vamos a recomendar, para que puedas aplicar la correcta en el cierre de ventas adecuado, las cuales son:

Cierre directo.

Conocido comúnmente como "pregunta directa". Consiste en formular una pregunta a nuestro cliente, la cual puede ser o no preparada para esa ocasión o simplemente que utilicemos con diferentes cierres que tengan las características para aplicarla. Es una de las técnicas de ventas efectivas más sencilla, aunque debemos tener cierta precaución al momento de efectuarla, puesto que estamos dando a entender a nuestro interlocutor que la venta está hecha y puede que no sea bien recibida por parte del cliente. Por lo general, se utiliza en casos de venta de manera espontánea y también después de un firme recorrido en los casos de venta consultiva.

Cierre de la alternativa.

A todos los seres humanos les gusta sentir y pensar que tienen el poder, la razón, contar con el poder de la decisión y pensar que ellos son los que eligen. Sobre este fenómeno se basa este tipo de cierre. Consiste en presentar dos posibles alternativas, ambas deben ser buenas opciones para nuestro cliente evidentemente, sin embargo, ambas juegan a favor del vendedor, y aunque están un poco trabajadas y ajustadas para ser ganadoras a tu favor de manera oculta, estás jugando con la psicología del cliente haciéndolo sentir que tiene el poder de tomar la decisión correcta, aunque ambas son las correctas. El cliente solo tendrá que pensar qué color prefiere, qué material o la cantidad.

Cierre por amarre.

Este tipo de cierre consiste en plantear preguntas al final de nuestros enunciados con el objetivo de conseguir respuestas positivas por parte del cliente, ya sea en forma de palabras o de gestos. De esta forma su nivel de aceptación va quedando patente para ambas partes.

Cierre por equivocación.

Es bastante común esta estrategia en las ventas, pues nos equivocamos en algún detalle de la negociación de manera intencionada, de manera que el cliente afirme de manera indirecta que está cerrando la negociación. Un ejemplo a utilizar, es la fecha de entrega. Ejemplo: *marcamos la entrega del pedido para el martes 21 de febrero, ¿correcto?* Si el cliente nos corrige, habrá dado por sentada la venta. Es una manera de jugar a convencer al cliente de manera subconsciente.

Cierre por detalle secundario.

Este método consiste en hacer imaginar al cliente que ya ha aceptado nuestra oferta, similar a la estrategia anterior. Para lograrlo, le plantearemos preguntas hipotéticas como: *si ya tuviera el producto en su casa, ¿quiénes lo utilizarían principalmente?*; *si decide utilizar nuestros servicios, ¿cómo le gustaría que le contactáramos?* Aquí se podría decir que el cliente no se habrá dado cuenta cuando te dio el "sí" para cerrar el trato, pero al final, lo acepta de manera inconsciente.

Método de cambio de precios.

Este método es todo un clásico en las ventas que funcionan por campañas, sobre todo de las que dependen en gran medida de la fluctuación de los precios en el mercado, o de los que le marca su proveedor. Este plan es muy efectivo porque obliga de manera indirecta al cliente a tomar una decisión inmediata, colocándolo contra la espada y la pared, pues si no hace la compra en ese momento, aumentará de precio para el futuro en que sí decida adquirir el producto, además, no da tiempo de pensar mucho o reaccionar al cliente, pues lo agarra desprevenido ante la propuesta, y por reacción inmediata o reflejo, termina dando el "sí" a la oferta promovida por el ejecutivo de ventas. También puede ser que el comercial contacta a su cliente para informarle de la aplicación de la nueva lista de precios a partir de una determinada fecha.

Método del precio ridículo.

Este es otro tipo de táctica de venta bastante manejado, el cual busca la relación entre el precio publicado y el precio especial que puede obtener el cliente con la compra en ese momento con ese ejecutivo de ventas, comúnmente conocido como "descuentos". En esta técnica de cierre "del precio ridículo", el precio no cambia, ni tenemos previsto hacerlo: lo presentamos de una forma más atractiva para no "asustar" al cliente. Esta técnica la empleamos en el caso de productos y servicios de mayor precio. También consiste en transformar la cantidad total en pequeñas cuotas o partes tan pequeñas que parezcan ridículas para el comprador.

Método de máxima calidad.

"Lo barato sale caro", **"lo caro sale barato"**. Estas son frases muy comunes entre los vendedores, e incluso entre el público en general, al referirse a que, por comprarse productos económicos sin pensar en la calidad, terminan siendo un fracaso, obligando al consumidor a adquirir uno nuevo. Sin embargo, estas frases parecen desaparecer cuando tenemos frente a nuestros ojos un presupuesto muy elevado junto a una "oferta imbatible". Es momento de defender nuestra apuesta por la calidad como filosofía de empresa y de recordar el sentido de estas frases para los clientes.

Cierre Benjamin Franklin.

Este método consiste en convencer a las personas de que es mejor adquirir un producto propio y de calidad, que estar constantemente alquilando o comprando baratijas. En alguna ocasión, cuando has dudado del destino de tu viaje o cuando te has planteado seguir con el alquiler vs. compra, seguramente has hecho una lista de ventajas y desventajas para tomar una decisión lo más objetiva posible, sin dejarte llevar por las emociones. En esto consiste la técnica de cierre Benjamin Franklin, la cual se activa cuando el cliente pronuncia la frase "me lo tengo que pensar". Pasamos a la acción y le pedimos a nuestro cliente que nos escriba sus motivos de la **no compra** para así tratar con sus objeciones.

Cierre de ventas perdidas.

Esta técnica de cierre de ventas se aplica solo cuando tenemos un "no" rotundo como respuesta firme. En este caso volvemos al cliente con la intención de averiguar el motivo por el cual no nos ha elegido, es decir, para tener el feedback. Creamos un clima de confianza para futuros momentos y mejoramos con la información que nos proporciona el cliente.

El Cierre Puerco Espín.

Consiste en contestar con otra pregunta cualquier interrogante o duda que realice el comprador al final de la exposición. Si el cliente dice **"ese plan telefónico está bien, pero ¿no tiene uno más sencillo? No hablo tanto por teléfono"**. Si el vendedor le contesta hablándole de otro plan telefónico, tendrá que volver a empezar el proceso de ventas, pero si en cambio, le pregunta ¿La quiere con conexión a datos de internet? Y el cliente en ese momento le responde que sí, entonces ya habrá comprado.

Método del Plan de Acción.

Con este método, se le indica al comprador potencial cuál es el proceso a seguir. Entonces allí la atención del comprador se enfocará en el proceso de la decisión al disfrute de los beneficios.

Método de la Preferencia.

En esta técnica no se le pregunta al cliente si desea o no comprar, la presentación continúa hasta que el vendedor ofrece las opciones de pago y condiciones de entrega buscando un compromiso total por parte del cliente.

Método de la Autorización.

Cuando se acerca el final de la presentación del producto o servicio, el vendedor le puede solicitar directamente al posible cliente que firme la orden de compra. Si este firma la autorización, el mismo "autoriza" la venta.

Método de la Orden de Compra.

Este método es utilizado cuando el vendedor, a lo largo de la presentación, formula las preguntas a la vez que va rellenando la orden de compra con las respuestas del futuro comprador. Hay que tener mucho cuidado con esta técnica ya que el cliente podría pensar que el ejecutivo está siendo irrespetuoso.

El Cierre Rebote.

En esta técnica, el vendedor se aprovecha de una objeción hecha por el cliente. Si el mismo manifiesta una objeción, el vendedor debe responder con su misma intensidad de voz y cerrar la venta ofreciéndole lo que, según las mismas palabras del cliente, eliminaría la objeción.

El Cierre de la Máxima Calidad.

Una de las objeciones a las que los clientes más se aferran es que "su producto es muy caro". Cuando el vendedor escuche un comentario de este tipo, debe bajar el tono de voz y replicar (como contando una historia):

"Hace mucho tiempo mi empresa tuvo que decidir entre bajar el precio y la calidad, o bien invertir un poco más en calidad, aunque esto costara un poco más al cliente. Se decidió por la calidad, y ¿sabe por qué? Porque estamos seguros de que nuestros clientes valoran la calidad y el no tener que hacer una doble inversión. La mala calidad siempre sale cara, y eso tanto usted como yo lo sabemos, por eso nuestra compañía apuesta por la calidad."

Y en ese momento, cerrar de inmediato ofreciéndole enviar una cantidad en determinada fecha.

Técnica de la Venta Perdida.

Si el vendedor nota que la venta está a punto de perderse, puede intentar que el cliente vuelva a describir sus necesidades. En ese momento el vendedor puede detectar algo que se le había pasado por alto, sobre todo en cuanto a los beneficios del producto. Esta técnica, también es conocida como "Método Presuntivo", ya que el vendedor asume que el cliente va a realizar la compra.

Es importante que manejes de manera clara y cómoda estas estrategias de cierre de venta efectiva, todas funcionan, pero no quemes todos los cartuchos al mismo tiempo, es decir, procura aplicar la correcta para el contexto que estás manejando.

Ventas, la estrategia de descuentos

A los consumidores les gusta ver o saber que están ahorrando desde el 1% del valor total del producto en adelante, por lo que se debe aprovechar esto a favor del vendedor para que los clientes sientan que están a punto de adquirir una gran ganga y que realmente vale la pena cerrar el negocio. Esta estrategia permite inmediatamente estimular las ventas masivas y por eso el primer paso es lograr que los clientes se sientan atraídos e interesados por los llamativos precios que el vendedor ofrece con la posibilidad de ahorrar en la compra de sus productos. Mientras más atractivo sean los descuentos, aumenta de manera considerable la demanda, y consigo, las ganancias de la compañía. Lo importante a destacar acá es que no va a representar una perdida a tu empresa, pues hay métodos que te pueden ayudar a concretar esos descuentos.

Un artículo publicado por la Universidad de Chicago, destaca que *"para los consumidores, estas promociones se traducen en verdaderos ahorros económicos, guías en las decisiones de compra, motivación para probar nuevos productos y, además, les hace sentirse inteligentes y bien con ellos mismos"*. En pocas palabras, la publicación destaca que "los descuentos hacen a los clientes más felices".

En el mercado, existen diferentes tipos de descuentos:

- **Descuentos por cantidad.** Su finalidad es estimular a los clientes para que compren mayores cantidades del producto, y consiste precisamente en reducir el precio al adquirir varias unidades, algo similar a la compra de **al por mayor**. Pueden ser acumulativos (para promover al consumidor a realizar compras frecuentes y así obtener su lealtad mediante tarjetas de fidelidad) o no acumulativos (se aplican a una compra específica).

- **Descuentos estacionales.** Estos descuentos benefician a los clientes que compran fuera de la estacionalidad de los productos, es decir, en temporadas de baja demanda.

- **Descuentos especiales.** También llamados ofertas, se producen de forma aleatoria sin que el consumidor sepa cuándo va a tener lugar. Se busca la atracción inmediata del cliente, provocando que apenas se publique el descuento, los consumidores corran a los anaqueles de la tienda a adquirir los productos antes de que el tiempo de descuento pase, o en su defecto, aceptar las propuestas de productos o servicios que los ejecutivos de venta ponen a disposición del consumidor en ese momento.

- **Descuentos periódicos.** Son conocidos regularmente como rebajas. A diferencia de los anteriores, los consumidores sí saben cuándo se van a producir y, debido a los precios más bajos de lo habitual, se sienten tentados a adquirir más unidades, o de comprar de forma más frecuente durante el tiempo que duran estos descuentos.

Es importante tener en cuenta algunos aspectos a la hora de fijar los descuentos, pues si los realizas sin un previo plan de marketing, estrategia de venta, o estudio de número en finanzas de ganancias, puede ser un total fracaso.

Lo primero a considerar a la hora de presentar un descuento es la **elasticidad de la demanda**, nos referimos a la variación que puede experimentar la demanda de un producto o servicio a medida que se modifica el precio. Para esto, se recomienda hacer un análisis previo para comprobar que realmente la estrategia será un éxito, y no representará una pérdida para la compañía, el producto o el vendedor.

Es importante tomar en cuenta a la hora de presentar descuentos, elementos claves como la importancia que puede tener el producto para la fecha en la que se quiere implementar el descuento. Por ejemplo, no sería nada rentable aplicar un descuento sobre unos protectores solares cuando es temporada de invierno o lluvias en esa región, las personas no se sentirán atraídas por ese descuento, aunque sea muy bueno, pues no es un producto que van a necesitar a corto o mediano plazo, pues la mayoría de las personas no tienen la capacidad de compra para prever situaciones a largo plazo, solo a corto y mediano plazo. Para este producto, la estrategia de descuentos es perfecta para el verano, donde las personas comprarán hasta en grandes cantidades sus protectores solares.

El tercer elemento a considerar es el valor. Antes de poner al público la estrategia de descuentos sobre un producto en el mercado debemos conocer su valor, pues los consumidores suelen asociar un precio bajo con una calidad baja, sobre todo, cuando es una marca poco conocida por el mercado. Los precios bajos pueden atraer clientes e influir en un aumento de las ventas por un tiempo limitado, pero ciertamente no contribuyen a fidelizar clientes.

Conclusión

En todo lo conversado anteriormente, destacamos la forma más efectiva para manejar objeciones de diferentes índoles, destacando que la principal virtud para lograrlo es manejar el arte de la persuasión, el dominio del lenguaje tanto corporal como oral y el dominio perfecto del tema y producto que buscamos vender. Los clientes deben sentir la confianza de que quien le está ofreciendo la propuesta, busca ayudarlo, más que lograr una venta para conseguir dinero, que, aunque es su trabajo como vendedor, podría promover una idea errónea al cliente, pues pensarí que sus necesidades no importan, sino que, al contrario, se busca facturar con base a sus necesidades y convertirlas en un negocio.

Existen diferentes métodos, técnicas, y estrategias para manejar una posible objeción o respuesta negativa, las cuales destacamos en este material. Si las sigues al pie de la letra, tendrás una seguridad mayor de que el cliente o la persona te puede tomar la palabra en serio y darte un "sí" sobre la propuesta que le estás vendiendo.

Aunque las reglas a veces son un poco rígidas, están hechas para proponer y suponer un orden sobre las cosas y actividades que realizamos los humanos. En este caso, te brindamos el ABC del buen vendedor, el cual es importante aprender y respetar a la hora de promover una venta o manejar una objeción de manera satisfactoria, sin perder la esperanza o salirte de tus casillas mientras esto sucede. Lo importante de todo es no perder el norte que tienes como vendedor, mantener la calma y compostura, a modo y manera de cerrar la negociación con estos clientes de manera satisfactoria, y si lamentablemente no se logra por diversas razones, debes mantener el ánimo, porque un vendedor sin ánimos ni convicción, está lamentablemente condenado al fracaso. Si estás leyendo este material, es porque no estás condenado al fracaso, al contrario, estás orientado al éxito y buscas perfeccionar tu técnica de trabajo para pulir detalles, mejorarlos y aprender cosas que puedan nutrir tu profesión.

Este material esta orientado a que nuestros lectores puedan contar con una guía práctica de trabajo, actualizada a los nuevos tiempos y modalidades de venta, pues los tiempos cambian, las técnicas evolucionan y las técnicas viejas u obsoletas no siempre aseguran el éxito sobre lo que estás buscando.

Además, debemos destacar que este material no solo está creado para el crecimiento profesional de nuestros lectores, sino para el crecimiento personal, pues todas estas técnicas son aplicables a la vida personal, momentos, situaciones diversas que requieran pensar como vendedor. Este material es bastante universal, recomendable para familias, amigos, conocidos, compañeros de trabajo y mucho más, que tal vez necesiten una guía para manejar diversas situaciones de negación, objeciones y otros asociados.

Las objeciones son parte de la vida de cada quien, en tus manos está la decisión de convertirlas en oportunidades o conservarlas como ideas negativas.

Libro 3: Manejo de Objeciones

Conviértete en el Mejor Cerrador e Incrementa Tus Ingresos al Aprender Cómo Convertir Todos Los "No" en un "Sí"

Volumen 3

Por

Income Mastery

Capítulo 1: ¿Qué es el manejo de objeciones?

Es una de las etapas del vendedor durante su venta personal donde tiene que manejar cierta objeción y resistencia de los clientes.

Existen ciertos momentos en que el cliente discute y difiere de la demostración y explicación que le dio el vendedor. Entonces, para satisfacer, negociar y hacer que el trato finalice, el vendedor tiene que persuadir a los clientes satisfaciéndolo dando cierto paso. De esta manera, estos pasos tomados por el vendedor para persuadir al cliente se llaman manejo de objeciones.

Las objeciones son oportunidades de negocio. Los vendedores realmente profesionales ven las objeciones como indicadores de la disposición comercial del cliente. Las causas de las objeciones indican que:

- No ha proporcionado suficiente información.

- No ha hecho suficientes preguntas.

- No ha oído lo suficiente.

¿Por qué es importante el manejo de objeciones?

Por lo general, las objeciones surgen por adelantado cuando usted está tratando de contratar a un prospecto, o cuando está por llegar a un acuerdo en algún momento del proceso de venta, hasta el cierre de la venta, inclusive. No importa cuándo se presenten, lo que importa es tu perspectiva y reacción. La clave es relajarse y ver esas objeciones como una oportunidad, no como un obstáculo.

Profundicemos un poco más en cada uno de las importancias clave:

Capitalizar el compromiso - En la etapa de prospección, algunas objeciones son "instintivas" o automáticas por parte del comprador. Pero el simple hecho de que estén respondiendo le permite lidiar con esa objeción y seguir una conversación genuina, si está preparado.

A medida que avanza en el proceso de ventas, las objeciones serán más específicas y reflejarán lo que el comprador está pensando. Si no tienen claro algún aspecto de la situación, tiene la oportunidad de adaptarse y superar. Incluso al final, cuando el precio suele ser el problema, tiene la oportunidad de capitalizar el hecho de que el cliente potencial está completamente involucrado.

Agregue hechos, información y valor - Considere una objeción como una oportunidad para una conversación de ventas más profunda y valiosa. Después de todo, los compradores realmente están haciendo una pregunta y necesitan aclaraciones. Como resultado, puede tener una idea de hacia dónde se dirige e introducir hechos o información adicionales que agregan valor.

"Ayúdame a entender lo que quieres decir con..." es un buen lenguaje para usar, porque lleva la conversación más profundo. Las objeciones son su oportunidad de alinearse con el comprador, colaborar y avanzar juntos.

Calificar o descalificar compradores - Las objeciones son una buena manera de calificar a los prospectos, para que no pierdas tu tiempo lanzando bolas de objeción de un lado a otro de la red con alguien que nunca hará un cheque. De hecho, si su relación cercana con prospectos calificados cae por debajo del 50%, es probable que sea mejor atendido por prospectos que lo descalifiquen más agresivamente. (Por supuesto, debe reemplazar esas perspectivas descalificadas con un flujo constante de nuevas, pero al menos tendrá tiempo para hacerlo).

Comienza a aprovechar estos beneficios clave, y no solo responderá mejor a las objeciones, sino que se dará cuenta de todo su potencial para hacer avanzar el negocio.

Capítulo 2: Tipos de objeciones en ventas

Muchos propietarios de pequeñas empresas no tienen un equipo de ventas dedicado, consecuentemente, asumen el papel de ventas ellos mismos. Esto puede funcionar bien si el propietario de la pequeña empresa tiene experiencia en ventas, pero ¿qué pasa si no ha recibido capacitación en ventas y no tiene una sólida comprensión de los puntos más finos de la venta?

En este caso, el propietario debe tomarse el tiempo para aprender la habilidad y crear un plan de ventas para guiar el proceso. A menudo, la clave es comprender qué impide que un cliente potencial tome una decisión a su favor. Una vez que sepa por qué está dudando, puede responder directamente a esa objeción específica. Puede escuchar estas objeciones de venta durante el proceso de venta; aprende cómo puedes superar cada uno.

Una de las verdades universales y probablemente la más dura de las ventas es que cada representante de ventas ha estado en una posición en la que se ha enfrentado a una objeción. Y la verdad subyacente es que a muchos les resulta difícil creer que las objeciones son valiosas para un vendedor si tiene la capacidad de convertirlas en oportunidades positivas. Y con los compradores cada vez más exigentes que nunca, la importancia de dominar el arte de combatir las objeciones de ventas se ha vuelto fundamental para las ventas.

Precio

Las objeciones de precio son el tipo más común de objeción, e incluso son expresadas por prospectos que tienen toda la intención de comprar. Tenga cuidado: en el momento en que comienza a centrarse en el precio como un punto de venta, se reduce a un intermediario transaccional. En su lugar, vuelva al círculo del valor del producto.

Cuando alguien le dice que su producto es demasiado caro, no siempre se trata del precio. Un clásico mantra de ventas es que si un cliente potencial le dice que su precio es demasiado alto, simplemente no ha comunicado suficiente valor. Pero a menudo se trata de algo completamente diferente, y simplemente usan los precios como una salida fácil.

Por ejemplo: "Sus productos cuestan demasiado. Puedo obtener el mismo producto de otra tienda más barata".

Si un cliente ya tiene el precio más bajo que cree que puede obtener, usted necesita ayudarlo a justificar la diferencia en costo. Una de las ideas clave aquí es conocer a su competencia. Conozca los índices de fiabilidad y revise las estadísticas de los servicios de la competencia para ayudarle a establecer la superioridad.

Asegúrese de centrarse en el valor único de sus productos y servicios de tal manera que el cliente no podrá obtener de ningún otro proveedor.

Si los servicios o productos de su competencia son lo suficientemente buenos como para que usted no pueda superar las objeciones con valor, entonces es necesario que se realice algún análisis para trabajar en la calidad de los productos o servicios.

Complacencia

A algunas personas no les gusta salir de su zona de confort, incluso cuando toman decisiones comerciales. Por esta razón, comparta un escenario de caso de uso. Además, puede recomendar recursos complementarios. A veces, vender es también consultar.

A menudo, el miedo al cambio es un gran obstáculo en la toma de decisiones. Pueden ser complacientes con la forma en que manejan sus negocios, pero puede mostrarles cómo ha cambiado el mercado a lo largo de los años y cómo estos cambios pueden ser positivos para sus negocios.

Cuando la complacencia es el culpable, puede intentar usar solo un toque de miedo para que el cliente vea por qué necesita comenzar a pensar en hacer cambios. Comparta algunas investigaciones sobre la competencia y algunos de los cambios que han realizado en sus negocios.

A menudo no hay nada como mirar lo que está haciendo la competencia que alguien no debe motivar la acción.

Por ejemplo: "Me parece adecuada la forma en la que funcionan las cosas en este momento".

Miedo al cambio

La complacencia o el miedo al cambio son naturales y muy apreciados entre los compradores. Están satisfechos con cómo van las cosas y no están dispuestos a saltar el gran salto de fuego y arriesgarse a cambiar las cosas. La complacencia normalmente se relaciona con estar mal informado sobre el problema que rodea la perspectiva u oportunidades en la industria. Como representante de ventas, debe ayudar a su cliente potencial a tomar una decisión informada al proporcionar información crucial sobre el producto y las tendencias del mercado. Si el cliente potencial observa su perspicacia en su industria y competencia, quedarán impresionados. Compartir contenido como documentos técnicos, seminarios web, estructura de costos, etc., los ayudará a confiar más en usted. Utilice estudios de caso de su competencia o compañías en la industria similar que hayan invertido en su solución y hayan realizado cambios dramáticos en su organización solo para generar más ingresos. Esto calmará sus nervios y aumentará su confianza para aceptar el cambio y gradualmente revelará una ventana de admisión.

Por ejemplo: "Todos estamos acostumbrados a las cosas de esta manera".

Frecuentemente lo relacionado con la complacencia es el miedo al cambio, lo cual puede dificultar el proceso de toma de decisiones para muchos propietarios de negocios. Una forma de superar esta objeción es demostrar ejemplos pasados de cambio y cómo fue positivo.

Por ejemplo, muestre al cliente una lista de las diferentes formas en que la industria ha cambiado en los últimos 10 a 15 años, y cómo el cliente potencial puede adaptarse a esos cambios. Esto puede ayudarlos a tener menos miedo y más confianza en cambiar las cosas.

El costo es un gran impulsor contra el cambio. La mayoría de las veces la resistencia al cambio tiene que ver con los costos de cambiar los métodos o equipos en su lugar de trabajo. Trabaje con el cliente potencial para encontrar formas de hacer que sea menos preocupante demostrando formas de mitigar o reducir los costos.

A algunas personas no les gusta salir de su zona de confort, incluso cuando toman decisiones comerciales. Por esta razón, comparta un escenario de caso de uso. Además, puede recomendar recursos complementarios. A veces, vender es también consultar.

Confianza

La confianza es algo que lleva tiempo construir, por lo que si es un obstáculo para su cliente potencial, debe ser honesto y consistente en todos los ámbitos para superar la objeción.

Ejemplo: "Parece que sabes lo que estás haciendo, pero ¿cómo sé que realmente tienes la experiencia necesaria para hacer esto?".

Comuníquese con información y comparta testimonios, estudios de casos y referencias que eliminarán parte de la incertidumbre y le darán al cliente confianza en su capacidad para realizar el trabajo.

Como vendedores, debemos amarlo cuando un cliente potencial hace preguntas. Se nos dice que indica compromiso y es una oportunidad para explorar sus preocupaciones.

Pero si las preguntas son tan buenas, ¿por qué a veces son difíciles de manejar? ¿Y por qué algunos vendedores se ponen a la defensiva cuando surgen inevitablemente las preguntas que nos dicen que amemos? Es posible que haya notado que la actitud defensiva se produce cuando las preguntas suenan como objeciones de ventas con un signo de interrogación etiquetado al final.

No confío en ti

Hay dos objeciones de venta mantenidas por cada posible comprador, ya sea que lo sepan o no. Estas objeciones pueden sonar inofensivas cuando las escucha, pero ocultan un importante mensaje de perspectiva:

- No confío en ti, que puede expresarse como: "¿Entonces cuéntame sobre ti?" O "¿Cómo llegaste a trabajar a _____?"

- No confío en su empresa, que puede expresarse como: "He oído hablar de su empresa, ¿podría contarme un poco más?".

Satisfacer estos fideicomisos gemelos no es la clave para hacer negocios, son la clave para COMENZAR a hacer negocios. En otras palabras, hasta que resuelva estos dos fideicomisos, nada de lo que diga se registrará. Solo después de que los prospectos confíen tanto en usted como en su organización, sus discusiones comenzarán a avanzar.

Conexiones y promesas familiares

A veces no hay mucho que puedas hacer para usurpar una conexión familiar, pero puedes ponerte en la posición de ser el próximo en la fila. Si esta es una objeción que estás escuchando de un cliente potencial, piensa unos pasos más adelante y muéstrele al cliente cómo sus servicios son mejores que la conexión familiar. Si puedes demostrar que les está ahorrando dinero a ambos, puedes convencerlos de que cambien.

Ejemplo: "Le dije a la esposa de un amigo de mi hermano que usaría su compañía para mi próximo proyecto".

Tratar con amigos u objeción de conexión familiar

Los clientes siempre están dispuestos a dar negocios a sus amigos o parientes sin siquiera verificar su calidad o servicio. Siempre sucede en la industria y se convierte en un gran desafío para los vendedores. La mayoría de las veces los personales de ventas pierden la esperanza y abandonan el seguimiento con el cliente. Esta es la mejor oportunidad que puede tener un vendedor, pero el vendedor no debe perder la esperanza en esta situación y debe encontrar una oportunidad en todas las situaciones.

En este tipo de situación, debemos asegurarnos de tener paciencia y hacer una investigación exhaustiva sobre el producto de nuestro competidor. Haga una lista de verificación de comparación que muestre los pros y los contras de cada producto, debe hacerse con honestidad. Una persona siempre comprará un producto o servicio que tiene una ventaja más competitiva. Lo único que debemos tener cuidado es que nunca deberíamos decir nada malo sobre los productos o servicios de la competencia, sino más bien sobre el valor agregado de nuestro producto. Después de la presentación, pídales que al menos le den una oportunidad en el próximo año fiscal o en el próximo proyecto.

Entrada externa

Ejemplo: "Necesito llevar esto a cabo por mi esposa / socio comercial/ jefe antes de hacer cualquier otra cosa".

Esto a menudo puede ser un resultado positivo, suponiendo que el cliente realmente esté consultando con otros y no solo usándolo como una excusa. Una forma de asegurarse de que no termine como una objeción de ventas que finaliza el trato es intentar permanecer en el proceso.

Intente sugerir una reunión de ventas conjunta entre el cliente y sus contrapartes para responder cualquier pregunta y ayudar a facilitar la decisión.

Tiempo

Si la gestión del tiempo o la falta de tiempo es un problema para el cliente en este momento, lo más probable es que siga siendo un problema en seis meses o un año. Para superar esta objeción, debe tomar la decisión de contratarlo fácilmente.

Ejemplo: "Es demasiado para mí asumirlo ahora mismo; estoy demasiado ocupado; llámame de nuevo en seis meses".

Vea si puede averiguar qué es lo que mantiene al cliente tan ocupado. Parece que el cliente no tiene tiempo para tomar decisiones. Es posible que haya identificado una necesidad. Demuestre cómo sus servicios pueden crear más tiempo para ellos. Si esto es simplemente un caso de desinterés, programe una llamada para tres meses a partir de ese día.

Si no puede obtener más detalles, intente establecer un límite de tiempo. Por ejemplo, puede decir: "Bien, hablemos la próxima semana y veamos si está listo para continuar. Te llamaré, ¿el jueves a las 11 funciona para ti?" Un cliente que se niega a establecer una conversación de seguimiento no es un buen candidato para una futura compra y es mejor que los ponga en su archivo inactivo. Si el prospecto acepta establecer una hora para otro chat, su venta aún está en camino.

Capítulo 3: Técnicas para desarrollar el manejo de objeciones

Las objeciones son inevitables, pero nunca deben verse como una puerta que se cierra de golpe en la cara. La clave es entender por qué el cliente se opone: debe tomarse el tiempo para descubrir si desea avanzar de una manera mutuamente beneficiosa. Si bien los clientes pueden objetar por muchas razones, echemos un vistazo a algunas causas comunes:

Puede ser simplemente falta de conocimiento: "No necesitamos una solución móvil".

Puede ser una preocupación específica y justificada: "Su precio es más alto que el de todos los demás".

Puede representar una agenda oculta: el cliente tiene una preferencia o incentivo para usar un producto diferente, pero no lo dice directamente.

Puede ser un problema de percepción: "La nube no es segura".

Es posible que no seamos claros acerca de sus intereses: "No es una prioridad para mí este año".

Tome medidas al respecto: piense en las objeciones que recibe en su línea de negocio. Escriba un ejemplo para cada uno de los tipos de objeciones anteriores. Las técnicas abajo mencionadas lo ayudarán con estas y muchas más que probablemente enfrentará. Es posible que no los superes siempre, pero al menos no te rendiste antes de intentarlo.

Estas son algunas de las principales técnicas para manejarlas:

Gratitud

Diga "¡Gracias!" Siempre agradezca a su cliente cuando presente una objeción frente a usted, porque esta es una oportunidad para abordarla y seguir adelante con su negocio. De hecho, pregúnteles acerca de sus inquietudes y objeciones desde el principio y recibirá aún más oportunidades para cambiar la situación a su favor. No olvide que una objeción es mejor que un "no" porque le da un lugar para comenzar la conversación. No puedo mencionarle la cantidad de veces que un simple agradecimiento ha ayudado a difundir una situación con un cliente enojado o molesto y pone en camino a los trabajadores para resolver su problema o llevarlos de vuelta al tren feliz.

Empatía

La empatía es una forma de conectarse con su cliente a nivel personal, le demuestra que le importa y que está escuchando. Todos nosotros hemos tenido que decir "no" en un momento u otro, y en los negocios, no siempre estás hablando con la persona que toma las decisiones. A menudo, sólo son el mensajero, así que no te enojes ni lo tomes personal poniéndote a la defensiva. Después de agradecer al cliente por llamar su atención sobre la objeción, identifíquese de una manera que ayude a difundir aún más la situación.

Por ejemplo: "Lo entiendo, lamento que se sienta así, parece que ha sido muy frustrante, comprendo lo que dices y creo que puedo ayudarte".

Al identificarse con el cliente, es más probable que se abran y compartan más.

Descubrimiento

Ahora que ha comenzado a difundir la situación, tómese su tiempo para descubrir lo que realmente está sucediendo. El buen descubrimiento de clientes siempre se centra en hacer preguntas abiertas. Si el cliente puede responder con un "sí" o un "no", entonces tiene que reformular su pregunta. Esto es mucho más difícil de lo que parece y se necesita práctica para desarrollar esta habilidad. Puedes ponerte a prueba en casa o con un amigo: mantén una conversación con alguien y hazle preguntas abiertas. La creación de una relación es igual de importante durante la fase de descubrimiento.

Preguntar, Examinar y Confirmar

En esta situación con las preguntas fluyendo, es importante que la conversación siga avanzando más y más profundamente. A medida que el cliente responde a tus preguntas abiertas, deberías indagar más haciendo más preguntas sobre lo que acaba de decir. Si en algún momento no entiendes algo, pídeles que te lo aclaren. Un gran ejemplo de esta táctica es cuando el cliente menciona un acrónimo u otras palabras específicas de su empresa o proceso de negocio. Los expertos dicen que se necesitan al menos 4-5 capas de preguntas para descubrir realmente el motivo o la naturaleza de la objeción. Tómate tu tiempo y sigue haciendo preguntas hasta que entiendas realmente la razón de la objeción y hayan satisfecho su curiosidad. Finalmente, repite en tus propias palabras lo que escuchaste y pídele que confirmen lo que ha entendido correctamente.

Valor del servicio/producto

Para mantener a tu cliente a largo plazo, debes ver el valor de tu producto o servicio. El propósito de un buen descubrimiento es entender qué es importante para ellos, por qué es importante y cómo sería su negocio sin su producto o servicio. Cuando descubra una necesidad o molestia, tu próximo paso debe ser cuantificar cuánto le está costando al negocio. Si el cliente continúa objetando o repitiendo la misma objeción, entonces tú no estás haciendo las preguntas correctas para alinear su valor con su necesidad. El problema identificado puede derrumbar a una empresa de diferentes maneras: pérdida de ingresos, pérdida de tiempo, falta de satisfacción por parte del cliente, despido de empleados y más.

Al tomar el punto débil y expandirlo, el representante puede entonces animar al cliente o prospecto a cuantificar el problema en términos comerciales y personales, convenciéndolo así de que la compra de un producto/servicio para resolver el problema vale la pena la inversión.

Respaldar su venta con pruebas y referencias de otros clientes

Ahora que ha seguido los pasos 1 al 5, es hora de respaldar sus declaraciones con investigaciones de la industria, referencias de clientes o historias de éxito de clientes ya satisfechos con el fin de demostrar el valor de su producto o solución.

Para la investigación, descubre lo que dicen las empresas analistas sobre tu industria o producto e incorpore estos datos en sus conversaciones. Se ha tenido un gran éxito al interesar a nuevos clientes al mencionar lo que dicen los analistas líderes de la industria sobre nuestros productos.

Las referencias de los clientes son otra gran herramienta porque esas historias a menudo representan una molestia o una objeción que se superó con éxito. Se debe retar a todos los que jefes a que aprendan al menos 3 historias de clientes nuevos y relevantes al mes. Realicen esta actividad en sus horas extras y sus historias lo diferenciarán de los demás y le darán a sus clientes otra razón para confiar en sus negocios.

Manejar las objeciones requiere práctica. Considera estas 6 reglas y aplíquelas a su negocio. Verás muy rápidamente que funcionan. Vimos aumentos inmediatos en clientes potenciales calificados y tasas de cierre más altas en muy poco tiempo al emplear estas técnicas porque pudimos demostrar cómo nuestro producto puede usarse para superar el dolor real en su negocio.

Capítulo 4: El cierre de la venta

En teoría, aprender a cerrar una venta en realidad es bastante simple: presentarse preparado, dar su discurso, responder a las objeciones de su posible cliente, solicitar la venta y, si es necesario, hacer un seguimiento hasta obtener una respuesta definitiva.

Sin embargo, en la práctica, vender es un poco más complicado que eso. El cierre es un momento decisivo en las ventas. Elegir las frases correctas para sellar un acuerdo de ventas es crucial. Y este momento es probablemente el veredicto final que determina si tus esfuerzos serán o no equivalentes.

Si bien existe una fórmula subyacente detrás del proceso de cierre de una venta, es tanto una forma de arte como un proceso científico. Debido a que los dos están inextricablemente entrelazados, vamos a examinar tanto el arte como la ciencia del cierre de ventas.

La ciencia detrás del cierre de una venta

Comencemos con una estadística de ventas sorprendentemente perspicaz:

Un sorprendente 92% de los vendedores informan que renuncian a una perspectiva después de escuchar "no" cuatro veces. Por el contrario, el 80% de las perspectivas informan que dicen "no" cuatro veces antes de decir "sí".

Una abrumadora mayoría de las personas (80%) le da al vendedor al menos cuatro "no" antes de que cambien de opinión y decidan probar una nueva solución. Sin embargo, al mismo tiempo, prácticamente todos los vendedores (92%) nunca llegan tan lejos. ¡Y esto ni siquiera tiene en cuenta cuántos vendedores y fundadores permanecen en la zona de ventas peligrosas para siempre, sin obtener una respuesta definitiva de sus prospectos!

Esta estadística no significa que cada cliente potencial esté a solo cuatro "no" de convertirse en un "sí", pero la conclusión clara es que las ventas son a menudo un juego largo, y la mayoría de los clientes potenciales no cerrarán allí mismo en tu primera llamada.

Con el simple acto de comprometerse a seguir con los clientes potenciales, construir una relación y mantenerse en contacto con sus mejores prospectos (que se beneficiarán más de su solución), se elevará por encima de la gran mayoría de la competencia.

Dicho esto, todas las herramientas en el mundo no pueden ayudarlo a cerrar una venta si no tiene una fórmula paso a paso para seguir y recurrir a ella, una que ha sido ajustada y perfeccionada con el tiempo.

Capítulo 5: Técnicas de cierre para ganar en cada venta

Afortunadamente, desarrollar técnicas de venta no es un concepto nuevo, y existen muchos métodos probados y verdaderos que puede agregar a su repertorio.

Estas son 12 de las mejores técnicas de cierre de ventas que pueden ayudarlo a evaluar cualquier situación y detener esas respuestas firmes de "no" con su propia gran respuesta.

El supuesto cierre

El supuesto cierre se basa en el concepto de que tú crees firmemente que realizará esta venta desde el momento en que se esfuerce. El lenguaje que uses en todo momento indicaría que cree que la venta es un "trato cerrado". La clave es verificar con frecuencia a tu cliente potencial, medir su nivel de interés, objeciones y determinar si están en la misma página que tú.

¿Por qué funciona esto?: Su confianza y pensamiento positivo es contagioso y hace que el cliente potencial piense que la respuesta debería ser tan obvia para ellos como lo es para ti.

¿Cuándo funciona mejor?: Cuando trabajas con clientes potenciales familiares y sabes que el producto es perfecto.

¿Cuándo no usarlo?: Cuando no tiene relación con su cliente potencial y escucha comentarios repetidos de que la solución no tiene sentido para ellos.

El cierre es Ahora o Nunca

Ofrezca a su cliente potencial algo que solo pueden obtener si obtienen el producto o servicio dentro de un cierto período de tiempo (incluso hoy). Esto puede incluir:

- Este es el último (producto) que nos queda.

- Si compra hoy recibe un descuento del 15%.

- Si se registra hoy, puede tener prioridad en la cola de implementación.

- Este precio es solo por tiempo limitado hasta (fecha).

¿Por qué funciona esto?: La perspectiva "ahora" siente que están perdiendo algo, por lo que si probablemente van a decir que sí eventualmente, tiene sentido hacerlo ahora.

¿Cuándo funciona mejor?: Cuando tienes la libertad de ofrecer descuentos y estás tratando con personas cuya principal objeción es que no tienen tiempo para decidir ahora.

¿Cuándo no usarlo?: Cuando el cliente potencial ha dejado en claro que su producto nunca se implementaría en su empresa, o no puede ofrecer un incentivo significativo.

El cierre para llevar

Este concepto es simple: si ya les has dado los beneficios, y no parecen interesados en ciertos aspectos, quítalos de la lista. Ofrece descuentos y elimina funciones que podrían no necesitar, y vea si están más inclinados a aceptar la oferta.

¿Por qué funciona esto?: Mucha gente se opone simplemente por el precio. Si puedes contrarrestar esa objeción quitando cosas que no necesitan, todos ganan.

¿Cuándo funciona mejor?: Cuando su plataforma es de varios niveles, y el prospecto ha dejado claro que no tiene uso para ciertas características.

¿Cuándo no usarlo?: Cuando el prospecto no parece estar objetando el precio.

El cierre fuerte

También conocido como "el nada que perder", esta técnica consiste en dejar que su cliente potencial sea muy consciente del hecho de que le está vendiendo a ellos. Tú pides compromisos concretos, ¿cuándo puede firmar contratos?, ¿cuándo puede poner en marcha la implementación?, y cualquier otra cosa que los haga firmar ahora.

¿Por qué funciona esto?: Dejar claro lo que quieres ayuda a que la persona se sienta un poco más cómoda, y aunque no diga que sí, al menos te dará una respuesta firme para que ahora tengas que dedicar más tiempo al seguimiento.

¿Cuándo funciona mejor?: Cuando usted sabe que no va a recibir el sí, y no tiene otras opciones.

¿Cuándo no usarlo?: Cuando todavía está en las primeras etapas de seguimiento de sus clientes potenciales.

El cierre resumido

Tómese su tiempo para resumir todos los beneficios de su producto y los principales puntos valiosos que aportaría a su posible cliente. También puedes usar esto para hacer distinciones entre dos o tres opciones posibles que ofreces, para ayudarte a recordar a tu cliente principal cuáles son todas sus opciones.

¿Por qué funciona esto?: Escuchar todos los beneficios a la vez puede parecer más impactante que los 30 minutos que ya ha pasado repasándolos.

¿Cuándo funciona mejor?: Cuando usted sabe que su producto encaja bien, y en su ventaja, sólo necesita un recordatorio rápido de todas las cosas que ellos dijeron que funcionarían para ellos.

¿Cuándo no usarlo?: Cuando su conversación no ha sido particularmente larga, o sus principales puntos de valor no parecen impactar a su cliente.

El cierre mascota

Basado en el concepto de que las personas que entran a las tiendas de mascotas y tienen cachorros son más propensas a comprarlos (debido a su insoportable belleza), tú haces la venta dejando que tu cliente potencial lo pruebe. Prueba un auto, use una prueba gratuita, guarda un producto durante un mes, etc.

¿Por qué funciona esto?: Si empiezan a usar el producto, los beneficios que les dices se harán realidad, e idealmente, algo sin lo que ya no pueden vivir.

¿Cuándo funciona mejor?: Cuando usted tiene un producto que permite un período de prueba, y tiene características que no siempre son fáciles de cuantificar por teléfono o por correo electrónico.

¿Cuándo no usarlo?: Cuando su producto no puede "probarlo" o no tiene una gran variedad de características y beneficios.

El cierre opcional

Esta táctica de ventas está en línea con los cierres fuertes o agresivos, ya que usted le ofrece a su cliente potencial la posibilidad de elegir entre dos o más opciones, con la esperanza de que escoja una en lugar de decir que no. Ofrecer dos planes de precios que se adapten a sus necesidades, niveles de servicio escalonados con diferentes características o, por ejemplo, la implementación antes o después.

¿Por qué funciona esto?: Con dos opciones viables frente a ellos, es más probable que una persona elija una, o incluso elegir la opción más barata de dos opciones porque se siente como si estuviera ahorrando dinero.

¿Cuándo funciona mejor?: Cuando tenga niveles de servicio por niveles, y sepas que tu prospecto se beneficiará de ambos.

¿Cuándo no usarlo?: Cuando tu oferta es estática, y ya no tienes un interés confirmado en las características únicas que ofrece tu producto.

El cierre de ángulo agudo

Algunos clientes escuchan argumentos de venta todo el tiempo, por lo que entienden que tienen la ventaja en la discusión; pueden pedir complementos o descuentos, sabiendo que tú esperas que lo hagan. Para tratar con estos experimentados negociadores, tómalos por sorpresa con el Cierre de Ángulo Agudo. Si tienes aprobación, dales lo que quieren, pero a un precio: "Sí, puedo ofrecerte tres meses de servicio por un 10% de descuento, pero sólo si firmas el contrato hoy".

¿Por qué funciona esto?: Tú le das algo que ya estaba dispuesto a hacer y, a cambio, recibe un compromiso firme y haces la venta al instante.

¿Cuándo funciona mejor?: Cuando se trata de personas que son vendidas o que piden incentivos para firmar.

¿Cuándo no usarlo?: Cuando tu cliente no está familiarizado con los matices de las ventas, y no está pidiendo nada especial o único de ti.

El cierre con preguntas

Hacer las preguntas de sondeo del cliente potencial puede forzarlo a explicar por qué algo funciona o no funciona para él. Pregúntales por qué no pueden proceder con un envío, por qué [producto o servicio x] no solucionaría su problema, y así sucesivamente.

¿Por qué funciona esto?: Estas preguntas le dan una oportunidad mucho mejor para explicar por qué su producto satisface sus necesidades.

¿Cuándo funciona mejor?: Cuando tu ventaja parece estar siempre en la valla, pero no explica por qué no están interesados.

¿Cuándo no usarlo?: Cuando el cliente ha indicado claramente las razones por las que algunos aspectos de su producto no funcionan para ellos.

El cierre con sugerencias

Otra técnica de "cierre fuerte", es cuando ofreces tu opinión sobre lo que funcionaría mejor. Ofrece declaraciones firmes que expliquen cómo "un envío el viernes resolvería ese problema" o "si usted firma un contrato antes del [fecha], su embarque sería mucho antes de que termine el trimestre".

¿Por qué funciona esto?: Tu opinión entra en su mente como lo hacen los hechos, y ofreces soluciones firmes para algunos de sus problemas.

¿Cuándo funciona mejor?: Cuando tienes una gran relación (personal) con tu cliente, o crees que pueden ser fácilmente influenciados.

¿Cuándo no usarlo?: Cuando no conoces bien tu liderazgo, o son más expertos en el campo que usted.

El cierre hacia atrás

Esta técnica va en contra de casi todos los entrenamientos del ciclo de ventas, pero se sabe que funciona con ciertos tipos de clientes potenciales. El método consiste en empezar por el final y pedirle a tu cliente potencial recomendaciones, en lugar de tratar de venderle algo al inicio de la relación.

¿Por qué funciona esto?: Al reconocer que no estás tratando de venderles, el cliente potencial se sentirá más a gusto y estará más abierto a escuchar lo que tienes que decir.

¿Cuándo funciona mejor?: Cuando conoces a la persona, encontraste su información a través de una referencia, o ya tienes una indicación de ellos de que no tienen ningún interés en lo que estás vendiendo.

¿Cuándo no usarlo?: Cuando estás al principio del ciclo de ventas y no tienes ninguna razón para dudar de tu capacidad para realizar la venta.

Capítulo 6: Tipos para cerrar una venta de manera fácil y efectiva

Identificar a la persona que toma las decisiones e iniciar una conversación

Cualificar se trata de hacer las preguntas correctas y obtener información perspicaz de tu cliente potencial, para verificar más allá de toda duda razonable que tendría éxito después de comprar su solución. Por lo tanto, la calidad de la información que recibes de tu cliente es extremadamente importante para ayudarles a tomar la decisión de comprar (o no comprar).

Para recopilar esa información correcta de manera efectiva, tú necesitas hablar con la persona adecuada, una persona que toma las decisiones.

El siguiente paso es iniciar la conversación con la persona que toma las decisiones. Si tienes un proceso formal de ventas para tu empresa, entonces sabrás qué medio de comunicación tiende a ser más efectivo para llegar a tu tomador de decisiones y hablar sobre tu producto con él. ¿Debería empezar enviando un correo electrónico frío pidiendo reservar una llamada exploratoria, o ir directamente a llamar a la compañía y preguntar por su persona que toma las decisiones?

Mientras que el 75% (o más) de los adultos en países como EE.UU. y el Reino Unido tienen un teléfono inteligente, más de una cuarta parte de ellos dicen que raramente lo usan para hacer o recibir llamadas telefónicas. Esta tendencia a preferir una comunicación digital menos interrumpida, especialmente con aquellos que no están más cerca de ellos, sólo se está acelerando con los Millennials.

Dependiendo de quién sea su tomador de decisiones, llegar a ellos de la manera que ellos quieren que se les alcance es la mitad de la batalla. Para la mayoría de los representantes de ventas de hoy en día, esto significa apoyarse en el correo electrónico como el medio de comunicación inicial, con el objetivo típico de programar una llamada telefónica (o de vídeo) para discutir la solución en mayor profundidad si hay interés.

Calificar con precisión a tus clientes potenciales

Mucho del trabajo real en el cierre de una venta se hace en realidad en la investigación preliminar y conversaciones tempranas donde usted califica a su cliente potencial, y determina si ellos se benefician o no de su solución. Si tu prospecto no se ajusta a tu perfil de cliente ideal, entonces no debes perder el tiempo contestando el teléfono o haciendo cola en otras campañas de extensión por correo electrónico.

Antes de dar seguimiento a un posible cliente potencial, asegúrate de que tú (o alguien de tu equipo) empieces respondiendo a preguntas calificadoras cruciales como:

- ¿Qué tan bien se ajustan a su perfil de cliente ideal?

- ¿Qué tan grande es su compañía?

- ¿En qué industria se encuentran?

- ¿Dónde está ubicada esta empresa?

- ¿Cuál es el caso de uso ideal?

- ¿Qué herramientas han utilizado en el pasado?

- ¿En qué tipo de ecosistema están desarrollándose?

Si las respuestas a estas preguntas respaldan lo que sabes acerca de tu perfil de cliente ideal, entonces son una pista calificada que probablemente podría beneficiarse del uso de tu solución. La mayoría de los prospectos que le harán perder el tiempo son fáciles de detectar.

Esa es la calificación interna: los pasos que tú personalmente tomas para investigar al cliente y hacer tu mejor conjetura acerca de si es o no un cliente ideal. Una vez que hayas hecho esto, y sepas que ya te has conectado con la persona correcta para tomar decisiones, es el momento de preparar tu presentación.

Presentar una solución, no solo el producto

Los buenos vendedores conocen su producto por dentro y por fuera. Los grandes vendedores trascienden su comprensión del producto al comprender íntimamente todas las formas en que tendrá un impacto positivo tanto en el negocio de sus prospectos como en su vida diaria.

Cuando estás tratando de vender a tu prospecto en base a las características, estás hablando (no vendiendo) y ciertamente no estás hablando su idioma - ¡tu producto no puede venderse solo! Nunca olvides que tus clientes se preocupan por los resultados tangibles reales, y cómo tu producto creará una solución a un problema que su negocio tiene. Eso es vender, y debería ser el punto central de un gran discurso de ventas.

He aquí un ejemplo de hablar contra vender.

Hablar: "Nuestra plataforma mide más de 100 métricas, tablas y gráficos diferentes para su sitio web, incluyendo esto, esto y esto. ¡Déjame explicarte cómo funciona cada uno!"

Vender: "Tenemos más de 100 métricas, tablas y gráficos diferentes para su sitio web en nuestra plataforma. ¿Qué tipos de métricas son más importantes para usted? ¿Qué quieres ver?"

La diferencia entre estos dos enfoques es asombrosa, y más que nada, indicará a tu cliente que te preocupas por ayudarles a resolver sus desafíos únicos, en lugar de contratar a otro cliente para que alcance tu cuota. Resolver los problemas más urgentes de su prospecto (relacionados con su producto) requiere una asociación que va mucho más allá de una simple conversación transaccional.

Crear un sentido de urgencia

Ofrézcale a su prospecto algo sensible al tiempo -que ellos realmente quieren- que podría incentivarlos a comprometerse con usted más temprano que tarde. Esto podría ser un descuento en su servicio, algo gratis, o cualquier otra cosa que reduzca el resultado final o el nivel de compromiso.

Esto les hace sentir que tienen la ventaja, y que tienen algo que perder si dicen que no. No confunda esta táctica de ventas con apresurar su prospecto; lo último que quiere hacer es presionarlos para que digan un "no" firme. En lugar de eso, proporciónelas otra razón por la que su producto es la opción correcta para ellos, y es la opción correcta en este momento.

Superar sus objeciones

A lo largo del camino hacia el cierre de cualquier venta, vas a responder preguntas difíciles, objeciones con ciertas características, rebaja en los precios, y cualquier otro tipo de objeciones de ventas.

Anticipar y tratar con estas objeciones es una parte natural de su viaje para cerrar una venta, pero requiere una preparación adecuada de antemano; de lo contrario, estará dejando su negocio al azar.

Cuando improvisas y tratas de responder a las objeciones de tu cliente en el acto sin una base clara, la calidad de tu respuesta dependerá en gran medida de tu estado mental en ese momento. Además, corres el riesgo de parecer como si no supieras de qué está hablando, lo que no es una buena situación para estar como vendedor.

Si estás en una llamada de ventas con un cliente, y ellos están claramente expresando interés en tu producto, pero cuando usted llega a la fijación de precios, le dicen que es demasiado caro, tú podrías responder con cualquiera de estas respuestas:

- "Entiendo. ¿Sabes qué? Tuve otros dos clientes como tú que al principio no estaban seguros del precio. Pero lo que encontraron fue... ".

- "Oh, ¿en serio? Si no te importa que te pregunte, ¿cómo llegas a la conclusión de que el producto es demasiado caro?".

- "¿Es el punto de precio un problema de flujo de caja o de presupuesto?".

- "Vamos a explorar algunas estrategias creativas para ajustar esto a tu presupuesto".

- "Vale, lo entiendo. ¿Hay alguna parte del producto que no necesites?".

Todas estas respuestas a la objeción general de precios sondearán diferentes razones subyacentes para que esa objeción salga a la superficie.

Para prepararse para cada una de las principales objeciones de ventas en su espacio, comience por crear una lista de todas las objeciones más comunes a las que se enfrenta. Anote las respuestas concisas, obtenga retroalimentación de otros miembros de su equipo hasta que se sientan lo suficientemente fuertes para entrar en cualquier conversación con ellos, y ensaye las respuestas hasta que las conozca de memoria.

Además, anota las objeciones que tus clientes te presentan y para las cuales no estás preparado, y trabaja en respuestas para futuros clientes potenciales. Si una persona te los ha mencionado, lo más probable es que otra también lo haga en el futuro.

Solicitar la venta

Perfeccionar cómo (y cuándo) se hace la pregunta, "¿estás listo para comprar? está en el centro de cómo cerrar un trato en ventas, y sí, necesitarás ponerte cómodo haciéndolo. El mayor error que los vendedores y fundadores pueden cometer, no es pedir la venta.

En la superficie esto suena obvio, ¿verdad? Entonces, ¿por qué ocurre con tanta frecuencia en el mundo de las ventas?

Si usted no es un vendedor naturalmente dotado y no ha pasado por el entrenamiento de ventas correcto para equiparse para tener éxito en este campo, es fácil pensar que sus clientes llamarán a su puerta para entregarles sus tarjetas de crédito después de ver todos los beneficios y características que usted tiene para ofrecer.

Pero esta es una idea errónea común de los novatos en ventas, y para aquellos que alguna vez han cerrado una venta, usted sabe que esto es raramente el caso (si alguna vez). Incluso los vendedores que han estado vendiendo activamente a menudo esperan demasiado tiempo para pedir la venta, y por esa razón, pierden oportunidades de cerrar más ventas cada día.

¿Cuánto te gusta el rechazo? No mucho, supongo.

Es tentador querer evitar la posibilidad de ser rechazados, porque estamos predispuestos a temer el rechazo. Incluso en un contexto de venta, el rechazo de ventas es difícil de manejar, y esto a menudo se traduce en esperar hasta que sentimos que hay un sí garantizado, antes de proponer la pregunta de si están listos para comprar.

En cambio, para muchas personas, la opción predeterminada es proporcionar más información y razones para comprar, asumiendo que eventualmente se van a cerrar por sí mismas. Entonces, ¿cuándo es el momento adecuado para pedir la venta? La respuesta: antes de que creas que están listos.

Si has hecho tu trabajo calificando a tu prospecto, entregando tu propuesta, y aun así crees que sería una buena opción para usar tu producto, pues haga la venta.

Capítulo 7: ¿Cómo incrementar las ventas?

Aplicado a clientes actuales

- Vender más de un producto o servicio existente a clientes actuales.

A veces la manera más fácil de aumentar las ventas es vender más de un producto o servicio existente a clientes existentes. Por lo general, es mucho más fácil vender a los clientes pasados que a los nuevos. La adquisición de nuevos clientes a menudo requiere una alta inversión de tiempo y dinero. A menudo, atraer a nuevos clientes también puede tener un largo tiempo de espera antes de que usted vea los resultados. También requiere un mínimo de trabajo o inversión para poder empezar a vender. Vender más de un producto o servicio a clientes existentes es generalmente el mejor lugar para buscar primero cuando se busca aumentar las ventas.

- Vender un nuevo producto o servicio a clientes existentes

Una segunda forma de aumentar las ventas con los clientes existentes es vender más de un producto nuevo a los clientes pasados. Un gran ejemplo de esto es Amazon. A menudo se reciben correos electrónicos de Amazon notificando sobre nuevos productos que han comenzado a vender.

Al contar con un cliente existente que les compra regularmente, ya tienen su información, por lo que es mucho más fácil para las empresas vender. El lugar de compra se vuelve más confiable y accesible para aquellos clientes actuales que deseen comprar un nuevo producto que para algún cliente nuevo el cual se tiene que tratar de convencer.

- Vender un producto existente a clientes actuales que no compran ese producto en particular.

Una tercera forma de aumentar las ventas vendiendo más a los clientes existentes es vender un producto existente a un cliente actual, que ese cliente en particular no compra actualmente.

Aplicado a nuevos clientes

- Vender un nuevo producto dirigido a nuevos clientes

Un gran ejemplo de este enfoque para vender un nuevo producto dirigido a un nuevo cliente es cuando Apple lanzó el iPod. Cuando Apple lanzó el iPod, los únicos productos importantes disponibles eran las computadoras y las laptops de Apple. El iPod no estaba dirigido a los compradores de productos de Apple, sino a las masas de gente que nunca habían tenido un producto de esta marca. El iPod era un nuevo producto que fue diseñado para aumentar significativamente las ventas de Apple al aumentar el tamaño de su base de clientes. Fue muy fácil para la empresa crear este dispositivo porque ya tenía el software y la infraestructura de iTunes para trabajar con el iPod. Creo que todos sabemos cómo resultó esta estrategia. Al adoptar este enfoque con el iPod, allanó el camino para la venta de muchos productos nuevos, como el iPhone y el iPad mucho más fácil para la nueva base de clientes de Apple. Al dar ese paso inicial de crear y lanzar un nuevo objetivo que atraiga a los clientes no actuales, Apple se benefició enormemente. ¿Ves algún producto o servicio nuevo que puedas lanzar y que sea fácil de vender a personas a las que actualmente no les vendes?

- Introducir un nuevo segmento o área geográfica

Otra forma de aumentar las ventas es entrar en una nueva área geográfica o segmento. Un gran ejemplo de estos dos escenarios es RIM con su BlackBerry.

Inicialmente, RIM incrementó drásticamente las ventas al entrar en el mercado de los teléfonos móviles. Antes de ese punto sólo habían construido modelos de localizadores de dos vías. Cuando lanzaron su primer BlackBerry con capacidades de telefonía móvil, aumentaron drásticamente su base de clientes y sus ventas. Al entrar en este nuevo segmento de los teléfonos inteligentes que fueron capaces de llegar a una audiencia masiva de clientes potenciales que anteriormente no estaban interesados en la compra de sus productos existentes.

RIM también incrementó dramáticamente sus ventas, primero expandiéndose desde Canadá a los Estados Unidos y luego internacionalmente. RIM continúa expandiéndose a nuevos países con sus teléfonos inteligentes BlackBerry, lo que les ha ayudado a seguir aumentando las ventas a pesar de la disminución de la cuota de mercado en Estados Unidos. Al igual que con el BlackBerry, si sus ubicaciones geográficas son adicionales, usted puede llevar su producto o servicio a este lugar, lo que le permitirá aumentar sus ventas drásticamente. Para su negocio puede que no sea a otro país, puede que sea a otra ciudad. No tenga miedo de expandirse a otro país. Con el Internet es muy fácil vender a otros países.

A veces una buena manera de entrar en una nueva área geográfica es licenciar su producto o servicio a un socio que pueda venderlo por usted. El beneficio de este enfoque es que usted puede beneficiarse de una red de distribución ya establecida, lo que resulta en enormes costos de mercadeo e infraestructura. A veces esto también puede llevar a un aumento mucho más rápido de sus ventas, dado que su socio ya está en funcionamiento. Sólo usted puede decidir si este enfoque puede ser bueno para su negocio. Esta es sólo otra alternativa para explorar si está buscando formas de aumentar las ventas.

- Inventar un nuevo uso para uno de sus productos actuales

Este método de aumentar las ventas puede ser muy difícil de llevar a cabo porque requiere una gran idea de cómo expandir el uso. También puede ofrecer recompensas muy altas, a menudo mucho más altas que los otros métodos, ya que este método en realidad aumentará las ventas con clientes actuales y nuevos, pero la mayoría de las ventas en este enfoque generalmente provienen de nuevos clientes.

Si usted puede encontrar un nuevo uso para su producto o servicio creo que usted encontrará que puede tener una gran oportunidad en sus manos para aumentar las ventas.

- Intentar captar una mayor cuota de mercado dentro del mercado actual

Y finalmente, la última forma de aumentar las ventas es intentar captar una mayor cuota de mercado dentro del mercado actual. El ejemplo de este enfoque es una empresa que hace un gran trabajo de marketing. Esa compañía es Geico. Dicha empresa en los últimos años ha gastado cantidades masivas en televisión, radio, revistas y muchos otros métodos publicitarios en Canadá y los Estados Unidos para captar una mayor participación en el mercado de seguros de automóviles. Ese aumento en la participación de mercado ha llevado a un aumento en las ventas de $8.6 mil millones o 154%. Esta es una gran manera de aumentar las ventas, como normalmente lo hace cuando su cuota de mercado aumenta, sus ganancias crecen exponencialmente. La única desventaja de este enfoque es que usted debe ser un experto en marketing para lograrlo.

Ahora que tiene algunas ideas sobre las formas en que pueden aumentar las ventas de su negocio, escoja las que considere más atractivas e inclúyanlas en su plan. Si aún no ha desarrollado un plan de marketing, puede descargar una plantilla de plan de marketing gratuita. Tener un plan de marketing es esencial para tener éxito en el aumento de las ventas. Sin un plan es difícil alcanzar cualquier meta.

Capítulo 8: Nivel avanzado de objeciones

¿Cómo se siente cuando alguien no está de acuerdo contigo o rechaza tu consejo? A mucha gente no le gusta. Esa puede ser la razón por la cual los profesionales de ventas a menudo enumeran el manejo de objeciones como su desafío número uno. Ya sea que su título contenga o no la palabra "ventas", todos estamos en ventas cuando se trata de persuadir a otros a aceptar nuestras recomendaciones y venderles una nueva idea o sugerencia

Algunos vendedores buscan una salida justo después de que los clientes dicen "no" al primer intento del cierre de una venta. Otros toman personalmente una respuesta negativa y presionan para revertirla. En otras palabras, pasan de ser vendedores útiles a oponentes decididos, lo que aumenta el nivel de resistencia de los clientes.

Cuando alguien dice "no" al comienzo de una llamada o después de una primera llamada o correo electrónico no detallado, no puede saber lo suficiente como para decir que su producto no sería valioso para ellos.

La verdad es que son reacios a prestarle atención, tiempo y credibilidad porque no les ha dado una razón convincente para estar interesado.

Brindar un mejor enfoque

Un mejor enfoque podría ser aceptar el "no" inicial como un desafío y tomar medidas para restablecer la relación con la perspectiva de volver a encaminar la venta. Los clientes pueden sentirse incómodos después de rechazar una solicitud para cerrar una venta. Ellos pueden querer que el proceso de venta termine y esperar que el vendedor se vaya.

Depende de los vendedores asegurar a los clientes que el "no" inicial no significa el fin de sus esfuerzos de venta.

Restablecer de la comunicación

El primer paso después de escuchar el "no" inicial es restablecer la relación. Puede ser una buena idea usar declaraciones cortas que le hagan saber al cliente que está bien que él o ella no haya dicho inmediatamente "sí".

Restablecer la comunicación permite que un vendedor compre tiempo extra para guiar al cliente de vuelta al proceso de ventas. El cliente puede relajarse y permitir que el vendedor pase al siguiente paso de revisar sus necesidades, y determinar lo que se pudo haber perdido en el primer intento.

Profesionalismo

Mantener el profesionalismo durante el período incómodo en el que un comprador dice "no" puede ayudar a restablecer la relación. Los vendedores que se ponen tensos o permiten que sus expresiones faciales reflejen su decepción e impaciencia pueden tener pocas posibilidades de volver a encarrilar la venta.

Identificar el tipo de cliente

Cuando no sabes lo que está reteniendo al cliente, es como tratar de poner tus brazos alrededor de un fantasma. No hay nada sólido que puedas agarrar. Lo único que es seguro es que la dinámica de su interacción con el cliente cambia después de ese "no" inicial.

A continuación se presentan consejos que le ayudarán a convertir todos los "no" en un "sí":

- Escuche atentamente para descubrir todas las preguntas y preocupaciones que impiden que los clientes digan "sí". Ellos han escuchado su presentación, y ahora están haciendo una mini-presentación a modo de respuesta. Dales la oportunidad de expresarse. Es posible que se sientan mejor por haber sacado sus pensamientos a la luz, especialmente si creen que usted está escuchando. De esta manera, aprenderá más sobre lo que les impide tomar medidas inmediatas.

- Repita sus preguntas y preocupaciones antes de responder. Los clientes no siempre expresan bien lo que quieren decir. La repetición les permite escuchar sus propias palabras. En algunos casos, cuando los clientes escuchan lo que los retiene, pueden

responder a sus propias
preocupaciones.

- Llegue a un acuerdo. Cuando usted
está de acuerdo con el cliente en algún
aspecto de sus objeciones, usted crea
una atmósfera en la que puede
descubrir áreas que están retrasando la
venta. Cada tema que usted discuta
durante esta parte del proceso de
ventas puede llevar al cliente más cerca
de un "sí".

- Confirme que los clientes han
expresado todas sus preocupaciones.
Su trabajo es persuadir a los clientes
para que tomen medidas inmediatas.
Así que reúna todas las inquietudes
que pueda antes de comenzar a dar
respuestas. Esto no es un
interrogatorio. Usted es el consultor
del cliente y desea ayudarlo a tomar
una decisión informada de acuerdo a
sus necesidades.

- Pídale al cliente que tome medidas
inmediatas. Algunos clientes toman

decisiones rápida y tranquilamente. Otros luchan con el proceso. Cada vez que termine de hacer preguntas e inquietudes, termine siempre pidiéndole al posible cliente que tome medidas inmediatas.

- Esté preparado para ofrecer más ánimo. ¿Qué hacer cuando se han abordado todas las preguntas y preocupaciones, se le ha pedido al posible cliente que tome una decisión y él o ella sigue callado? Si el cliente no está de acuerdo con las soluciones que usted está presentando o planteando sobre su preocupación y necesidad, hágalo. Empiece abordando al cliente con buena actitud y empatía, de esta manera comprobará el cambio atmósfera durante la conversación.

- Cierre la venta el mismo día. Ni la semana que viene ni el mes que viene. ¿Qué tienes que hacer para cerrar la venta hoy? Usted ha dedicado su tiempo y energía a reunirse con el cliente. Usted ha hecho todas las preguntas y emitido todas las declaraciones necesarias para que el cliente tome una decisión informada. Ponga el mismo esfuerzo en la creación de sus declaraciones/preguntas finales que en la preparación del resto de su presentación, y escuchará "sí" con más frecuencia.

- No dejes que un "no" sea el final del camino. Averigüe el "por qué" del rechazo de su cliente. Descubriendo qué es lo que está impulsando sus dudas, de esta manera, usted podrá proporcionarles una solución.

- En algunos casos, no significa realmente no, sino que es una respuesta más fácil para ellos si no están seguros de lo que quieren. Profundice con su prospecto y trate de comprender mejor sus necesidades, luego ajuste su tono en consecuencia.

- La gente le compra a la gente que les gusta. Los grandes vendedores se aseguran de gustarle a sus compradores, a través del carisma y de algunos trucos de venta antiguos. El truco más básico para desarrollar un vínculo rápido con un cliente: escuchar. A la gente le encanta hablar de sí misma, no oír hablar a los demás. Les gustará alguien que haga preguntas, preste atención a sus respuestas y quiera saber más. Esto le ayuda en múltiples niveles, ya que también cumplirá con el requisito de "conocer el prospecto".

- Se debe atraer la inversión, es decir, la inversión de dinero en efectivo, la inversión de tiempo, la inversión de recursos, en realidad no importa. Consigue un cliente para "gastar" algo en tu producto o servicio, y ellos doblarán en el futuro para justificar esa inversión. Esto también aporta con otra área que separa a los grandes vendedores del resto: ayuda con la etapa final del ciclo de compra, la fase de remordimiento. Cuanto más le agrades al cliente, menos se arrepentirán de su compra al mirar hacia atrás. Así es como consigues clientes frecuentes.

- Los grandes vendedores se mantienen tranquilos pase lo que pase. Bajo ninguna circunstancia deberías perder la calma con un cliente potencial. Eso significa que no hay ira, ni ansiedad, ni tartamudez. Ninguna de las cosas que surgen de perder la calma te ayuda a hacer una venta. Perder los estribos con un prospecto lo pone en una posición de debilidad en las negociaciones - incluso si usted hace la venta, probablemente será un trato peor para su compañía de lo que debería ser. Esto sucede más a menudo con clientes abiertamente hostiles, los que parecen decididos a obtener un aumento de ti, pero mantén la calma, usa tus conocimientos sobre el prospecto y el producto, y gánatelos. Incluso los prospectos cuyos "Nos" suenan maliciosos pueden ser cambiados a "Sí" por grandes vendedores.

- Tenga en cuenta que nadie está 100% satisfecho con su decisión, nunca. Puede que hayas comprado el coche de tus sueños pero no te gustó el precio que pagaste. Para obtener la aceptación de sus ideas y ofertas, comprenda que sólo necesita conseguir a alguien con un nivel de satisfacción del 70% o más. Una vez que usted está en esta área, tiene una buena oportunidad de lograr que la persona acepte.

Las ventas y la influencia a menudo tienen que ver con el momento oportuno. Conoces el viejo dicho, "el tiempo lo es todo en la vida", ¿verdad? NO hoy no significa NO para siempre. Puede ser que el momento no sea el adecuado. Si usted cree en su proyecto, oferta o servicio y en los beneficios que su cliente obtendrá, siga regresando a un ritmo en el que no lo vean como un intruso. Eventualmente, el tiempo puede revertirse a su favor.

Referencias Bibliográficas

Pena, F. (2014). Cómo seducir a tu cliente.
Recuperado de
https://books.google.com.pe/books?id=xh
G-
oQEACAAJ&printsec=frontcover&source
=gbs_ge_summary_r&cad=0#v=onepage&
q&f=false

Gonzáles, J. (2015). Aprende a Vender
Profesionalmente y el Telemarketing en las
Ventas. Recuperado de
https://books.google.com.pe/books?id=p3
TjCgAAQBAJ&printsec=frontcover&sourc
e=gbs_ge_summary_r&cad=0#v=onepage
&q&f=false

Martínez, R (2010). Cien errores en el proceso de
ventas. Recuperado de
https://books.google.com.pe/books?id=Eg
QyCgAAQBAJ&printsec=frontcover&sour
ce=gbs_ge_summary_r&cad=0#v=onepage
&q&f=false

Tracy, B. (2007). El arte de cerrar la venta.
     Recuperado de
     https://books.google.com.pe/books?id=aF
     x19IW6iw8C&printsec=frontcover&source
     =gbs_ge_summary_r&cad=0#v=onepage&
     q&f=false

Moraleda, A. (2008). Cierre esa venta. ¡No deje
     escapar al cliente! Técnicas y ejemplos
     prácticos. Recuperado de
     https://www.cuidatudinero.com/13182105/
     las-ventajas-y-desventajas-de-los-analisis-de-
     estados-financieros

Carnegie D. et al. (2013). Estrategias de ventas
     ganadoras. Recuperado de:
     https://books.google.com.pe/books?id=kd
     clAgAAQBAJ&printsec=frontcover&source
     =gbs_ge_summary_r&cad=0#v=onepage&
     q&f=false

CPSIA information can be obtained
at www.ICGtesting.com
Printed in the USA
BVHW011958160120
569728BV00008B/87/J